大人の自由時間 mini

山歩き
スタートブック

道具と歩き方がわかる、行きたいコースが見つかる

西野淑子 著

技術評論社

この景色に会いたくて、山

た。

ある山の1日

山のすべてを味わい
緩やかに時間が流れる

ある山の1日

山にいきましょう

西野淑子

　緑の中に身を置き、のんびりと歩いてみましょう。

　一歩ずつ一歩ずつ樹林の中を進み、ぱっと視界が開けて山々の眺めが広がったときの爽快感。一番高い場所へ立ったときの達成感。足元を彩る花、きらきら輝く木漏れ日。見上げれば青空にぽっかり浮かぶ雲。

　山歩きは誰でも気軽に始めて、続けられます。歩くことができれば、特別なセンスや運動能力はいりません。何歳からでも始めることができ、何歳まででも続けることができます。山歩きを始めると、健康的になります。続けていくうちに、少しずつ体力がついてきます。そして、山歩きを続けるために、食生活に気を配ったり、自分の体のケアを意識するようになります。日常生活からちょっとだけ離れてリラックスする時間を持つことで、心が豊かになります。山歩きは心に、体によく効きます。

　この本では、これから山を始めたい方、山をもっと好きになりたい方のために、長く楽しく続けていくために知っておきたいさまざまなノウハウを詰め込みました。昔は学校の山岳部や社会人山岳会が、登

　山のイロハを教える場として存在していましたが、今はそのような団体に所属する人は少なくなり、独学で山を覚えた未組織登山者が非常に多くいます。そんな、大人の初心者・初級者に、私の経験、失敗を踏まえて、無理なく始めて、楽しく続けられる山歩きをお伝えします。

　この本のテーマは「プランニング」です。山に行きたいと思ったとき、まず何から考えればよいのか、どんな準備をすればよいのかをお伝えしています。そして、山の楽しみ方はさまざまです。展望を楽しんだり、花や紅葉をめでたり、岩稜歩きにドキドキしたり。高い山に魅力を感じる人もいれば、低山に癒される人もいます。そんな、楽しみ方別のプランニングや行動のポイントもご紹介しています。参考にしていただければと思います。

山はいつでも私たちを待っています。
さあ、山に出かけましょう！

山歩きスタートブック
～道具と歩き方がわかる、行きたいコースが見つかる

この景色に会いたくて、山に来た。～ある山の1日～ ―― 02
はじめに ―― 06

第1章 高尾山で学ぶプランニングの基本　11

- Lesson❶ プランニングの基本 ―― 12
- Lesson❷ 山を満喫できるかは「情報収集」で決まる ―― 16
- Lesson❸ 1日の行動計画を立てる ―― 20

第2章 テーマ別プランニング　23

Plan❶ 歩くことに慣れる
2〜3時間での「ゆる山歩き」 ―― 24
筑波山／入笠山／鎌倉アルプス／御岳山／鋸山／上高地自然研究路

Plan❷ 富士山展望の山歩き
～見えるだけでうれしくなる！ ―― 28
金時山／陣馬山／石割山／三ツ峠山／衣張山／大山

Plan❸ ロープウェイで山頂駅から山歩き ―― 32
北横岳／車山／八方池／安達太良山

Plan❹ 湿原・水辺の道を歩く ―― 36
尾瀬ヶ原／戦場ヶ原／八島湿原／西沢渓谷／鳩ノ巣渓谷／百尋ノ滝

Plan❺ ひたすら森林に浸る ―― 40
檜原都民の森／乗鞍高原／玉原高原／白駒池／青木ヶ原樹海

世界遺産の森を歩く ―― 43

Plan❻ 山と温泉
～至福のひとときを味わう ―― 44
焼岳／硫黄岳／箱根駒ヶ岳／幕山／日光白根山／天狗岳

Plan❼ 岩場のある山
～冒険心を呼び覚ませ！ ―― 48
谷川岳／岩殿山／棒ノ折山／乾徳山／瑞牆山／妙義山

Plan 8 ちょっと長めの縦走登山
　　～稜線散歩を楽しむ ———————————————————— 52
　塔ノ岳／雲取山／大菩薩嶺／金峰山

Plan 9 季節を楽しむ
　　～花と紅葉の山歩き ———————————————————— 56
　乗鞍岳／蓑山／花見山／昇仙峡／篭ノ登山／那須岳

Plan 10 年に一度のアルプス登山！
　　～3000m級の絶景を満喫 ————————————————— 60
　燕岳／立山／唐松岳／涸沢カール／木曽駒ヶ岳／白馬岳／鳳凰三山

　真夏に雪渓を歩く ———————————————————————— 65
　山小屋に泊まる！ ———————————————————————— 66

第3章　山歩きに適した装備を揃える　　67

Lesson 1 快適な山歩きのための服装の基本 ———————————— 68
Lesson 2 アンダーウェア　～肌に一番近いから重要 ——————— 72
Lesson 3 アウターシェル　～デザインと機能で選ぶ ——————— 76
Lesson 4 ボトムス　～快適歩行のポイント ——————————— 78
Lesson 5 山のアクセサリーいろいろ　～小物使いで差をつける — 80
Lesson 6 登山道具の基本　～少しずつ揃えていく楽しみも ——— 82
　　山でちょっと豊かな時間を ———————————————————— 84
Lesson 7 登山靴を選ぶ　～山歩きの最重要アイテム ——————— 86
Lesson 8 レインウェア　～雨の日の歩きを快適にする —————— 90
Lesson 9 背負い心地のよいザック　～自分に合ったものを見つける — 92
Lesson 10 トレッキングポール　～正しく使えば歩行が快適 ——— 96
　　ポールのメンテナンス ————————————————————— 99
Lesson 11 レスキューキット　～いざというときに使いこなす —— 100
Lesson 12 地図を活用する　～山歩きがもっとラクになる ———— 102
Lesson 13 登山用具のメンテナンス　～長く付き合うために ——— 106
　　登山用品店と上手に付き合う —————————————————— 108

第4章　疲れずに楽しく歩く　　109

- **Lesson 1** 足にやさしく、省エネで
  〜疲れない歩き方の基本 ── 110
- **Lesson 2** バテないための栄養補給・水分補給 ── 114
- **Lesson 3** 安全に気持ちよく歩くために知っておきたい山のルール ── 118
- **Lesson 4** 歩き始める前に準備運動 ── 122
- **Lesson 5** 山のトラブルに対処する ── 124
- **Lesson 6** 「昔とった杵柄」にご用心 ── 128
- **Lesson 7** 無理をしないのが安全登山の基本 ── 130
  - ひとりで山を歩くということ ── 131
  - 遭難未満モデルケース ── 132

第5章　山歩きを楽しく続けるには　　133

- **Lesson 1** 思い立ったら気軽に行ける
  「行きつけの山」を持つ！ ── 134
- **Lesson 2** 一緒に山を楽しむ仲間を作る ── 136
- **Lesson 3** ツアー登山を活用する ── 138
- **Lesson 4** 冬でも低山を歩いてみよう ── 140
- **Lesson 5** 頑張った自分にご褒美を！ ── 142
- **Lesson 6** 「山みやげ」で山の余韻を楽しむ ── 144
- **Lesson 7** 山歩きの記録を残す ── 146
- **Lesson 8** 登山のために体をととのえる ── 150
- **Lesson 9** 山の「もしも」に備える〜遭難対策 ── 152

登山計画書 記入例 ── 156
登山計画書 ひな形 ── 157

問合せ先一覧 ── 158

第1章

高尾山で学ぶ
プランニングの基本

Lesson 1 プランニングの基本
～いつ、どこに、誰と、どんなルートで

■「登山計画」は難しくない

安全に登山を楽しむために、プランニング(計画)は必要不可欠なものです。計画なんていうと、非常に面倒と思うかもしれませんが、考えるべきことは実はそれほど多くありません。そして、多くの人はそのうちのいくつかをすでに実践していることでしょう。ここでは、プランニングのポイントを中心にお伝えしていきます。さらに、具体例として「高尾山」でプランニングのシミュレーションをしてみます。

■ 1 ― どこに行く？

「山に行きたい」と思ったら、まずどの山に行くかを考えましょう。テレビの旅情報番組や山をテーマにした番組、あるいは登山を取りあげた雑誌など。情報源はいろいろとあります。この景色がよさそうだな、この花を見に行きたい、こんな樹林の中を歩いてみたい…、そう思うところから、山歩きは始まります。

■ 2 ― 誰と行く？

夫婦で、家族で、山が好きな、あるいは山に興味がある友人と。メンバーを揃え、計画を具体化していきましょう。「1人で行く」のも選択肢としてはありですが、とくに山に慣れていないうちは登山経験のある誰かと一緒に行くほうが安心です。登山をする友人の心当たりがなくても、声をかけてみると実は登山が趣味とか、自分も興味があった…という人がいるものです。

■ 3 ― いつ行く？

山には「適期」があります。例えば標高500m以下の山は、春や秋は心地よいですが、夏は山麓と同じように暑いです。標高2500m以上の山は夏は快適ですが冬は積雪があり、登るためには専用の装備やそれなりの経験が必要になります。新緑や紅葉、山の花など、季節限定の楽しみもあります。見頃の時期に合わせて山に登ればすばらしい景色を楽しめるでしょう。

高尾山シミュレーション

❶ どこに行く？

ときどきチェックしている旅雑誌、今月の特集は高尾山だった。山歩きに慣れていなくても楽しめそうだし、東京都内でアクセスも便利そう。行けるかな…。

❷ 誰と行く？

誰を誘おうか。家族で行くのも楽しそうだけど、そういえば先日の飲み会で、田中と鈴木が「山いいよな」って言っていたな。誘ってみようか。

❸ いつ行く？

来週から高尾山でビアガーデンが始まるのか。緑の中を歩いて下山後にビールなんてよさそうじゃないか！ とりあえず来週か再来週の週末を候補にしよう。

4—どんなルートで?

多くの山は、複数の登山道があります。一緒に歩くメンバーの体力や経験、好み、さらには時期でどのルートを歩くか選ぶことができます。

高尾山の場合は、いくつもの登山ルートが山中に整備され、さらにケーブルカー、リフトもあります。多く歩かれているのは京王線の高尾山口駅を起点とするルートですが、景信山、陣馬山へとつないで歩くこともできます。小さな子ども連れならケーブルカーを使って１号路の往復、自然を満喫したいなら６号路へ。４月上旬なら城山方面へ縦走すると桜並木が楽しめます。

必ずしも１→２→３→４の順に決めていく必要はありません。友達同士で山に行こうと意気投合して、日程を調整、山を決める…というパターンもあるでしょうし、今週末天気がよさそう、さあどこへ行こうか誰を誘おうか、というパターンもあるでしょう。いずれにせよ「いつ、どこに、誰と、どんなルートで」が山歩きのスタートなのです。

高尾山シミュレーション

❹ どんなルートで？

●城山コース
景信山、さらには陣馬山につながる尾根道。高尾山～城山間は、春はサクラが美しい。

●1号路
高尾山の王道ルート。山頂までは大半が舗装道路となる。道中に薬王院があるほか、茶店なども点在。

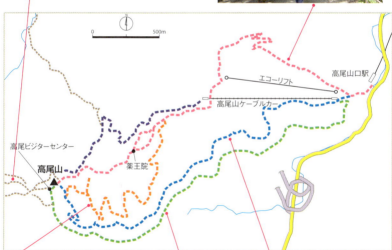

●3号路
豊かな緑と静かな山歩きが楽しめる穴場ルート。日当たりがよく常緑樹が多い森。

●稲荷山コース
6号路のすぐ上の尾根上のルート。基本的に樹林だが、見晴らしのよいポイントもあり。

●6号路
せせらぎが心地よい沢沿いの道。途中の琵琶滝は滝行も行われる聖地。

山を満喫できるかは「情報収集」で決まる

■ 情報で効率化を図る

　冬に箱根駒ヶ岳に行ったときのこと。ロープウェイで山頂に向かい、大涌谷へ縦走登山をする予定でしたが、行ってみたら強風でロープウェイが運休。山麓の登山口から山頂を目指したものの、山頂から大涌谷に向かう道は数日前に降った雪に覆われていて、怖い思いをしながら歩きました。

　天気予報をチェックしておけば数日前に積雪があったことも、当日が強風であることも予測できたでしょう。山歩きが楽しめるか否かは、情報収集にかかっているといっても過言ではありません。山の予定が決まったら、山歩き当日に向けて情報収集を進めていきましょう。

1──登山道の情報

　登山道の様子や危険個所の有無は、登山のガイドブックや市販の登山地図などで確認できます。大半のガイドブックはコースタイムや難易度なども記載されているので、参考になるでしょう。

　崩落や積雪の有無など、登山道のリアルタイムな状況は、市町村のサイトや山域のビジターセンター、登山道のある山小屋のサイトなどで確認をすることができます。こまめに情報を更新しているところもあるので、活用するとよいでしょう。ビジターセンターのサイトでは、登山道周辺で見られる植物や動物、紅葉の見頃などの情報が得られるところもあります。

　最近は個人の登山愛好者がブログなどでアップしている登山レポートを参考にする人も多いです。

2──交通機関

　電車やバスの時刻表を確認しておきます。とくに山岳路線バスは本数が少ないものが多いので、往路だけでなく帰りのバスの時刻も確認を。また、バス路線は季節運行になったり、便数が減ることもよくあります。バス会社の公式サイトで、最新の時刻表を確認しておきましょう。

高尾山シミュレーション

❶ 登山道の情報

高尾登山電鉄

www.takaotozan.co.jp
高尾山ケーブルカーとリフトを運行する会社のサイト。登山コースの略図のほか、登山に関する注意事項なども紹介されている。

高尾ビジターセンター

takaovc599.ec-net.jp
高尾山の自然や歴史などを解説。ハイキングコースの解説のほか、季節ごとに見られる花や野鳥などの解説もある。

ガイドブック

人気の高い山なので、関東周辺エリアの登山ガイドブックには、たいがい高尾山は掲載されている。高低図付きで登山がイメージしやすいものも最近は多い。

個人のブログ

山好きの個人が登山の記録をアップしているブログも多く、写真の多いものは参考になる。ただ、難易度やコースタイムなどの「主観的なデータ」は個人の経験や山の状況にもよるので、参考にとどめたい。

マイカーで行く場合は、駐車場の場所や有料／無料を確認しておきましょう。台数の少ない駐車場の場合、行ってみたら満車で登山口から遠い駐車場に…というケースもあるのでご注意を。また、ハイシーズンにはマイカー規制を行っている山もあります。

3―天気予報

訪れる山のある場所の天気予報を確認します。最近は、山や山岳地域に特化した天気予報もあるので、参考にするとよいでしょう。前出のような事態を避けるためにも、2～3日前から天気予報を確認しておくことをおすすめします。

4―下山後の立ち寄り

下山後に温泉に入っていく、土地のおいしいものを食べて帰るのも、山の楽しみのうち。場所や営業時間など、下調べをしておけば、スマートに行動できます。

● 情報収集に役立つサイト

[交通情報]
・ジョルダン「乗換案内」
www.jorudan.co.jp
電車での外出に便利なサイト。出発時刻や到着時刻を設定して、乗り継ぎルートと運賃を表示する。時刻表、運行状況や駅情報も得られる。バスの時刻表にも対応。

・ナビタイム
www.navitime.co.jp
地図ポータルサイト。電車やバスの乗り換え案内から車のルート案内まで多岐にわたる。有料会員になると、電車やバス、徒歩などさまざまな移動手段を組み合わせたルート検索も可能。

[天気予報]
・山の天気予報
https://i.yamatenki.co.jp
山の気象情報に特化したサイト。有料会員になると、全国18山域59山の詳しい天気予報や、周辺の雨雲の情報などが得られる。毎日更新される山頂の天気予報は、メールなどで配信を受けることもできる。

・てんきとくらす
tenkura.n-kishou.co.jp/tk/
天気と生活の情報サイト。行楽地の天気予報で「高原・山」の天気をチェックすることができ、都道府県ごとにさまざまな山の天気を確認できる。紹介されている山の数が多いのも特徴だ。

❷ 交通機関

京王電鉄
https://www.keio.co.jp
時刻表だけでなく、運行状況なども確認できる。お得な切符の有無も確認…ありましたよ、「高尾山きっぷ」。

❸ 天気予報

Yahoo!天気・災害
weather.yahoo.co.jp/weather/
都道府県、地域ごとに1週間の天気予報が出るほか、今日と明日の予報は3時間ごとの予報も。標高の低い山なら、山麓の天気でもある程度参考になる。

❹ 下山後の立ち寄り

高尾山ビアマウント
www.takaotozan.co.jp/beermnt/
ケーブルカー山頂駅近くのレストランで、例年6月中旬〜10月中旬に営業。昼は都心から横浜までの眺望、夜は夜景もすばらしい。2時間のバイキング制。

極楽湯
www.takaosan-onsen.jp
高尾山口駅に併設の日帰り入浴施設。緑に囲まれた露天風呂や広々とした檜風呂などで湯浴みを楽しめる。食事どころも併設され、高尾山名物のとろろそばもあり。

Lesson 3 1日の行動計画を立てる

行程が短くても早めに出発

　何時から歩き始めて何時頃に下山するか、そのために自宅を何時に出発すればよいか。コースタイムをもとに、1日の行動計画をざっくりと立てましょう。「ざっくりと」というのが実はポイントです。実際に山歩きをしてみると、電車が遅れたり、歩くペースが早かったり遅かったり、眺めのよい場所で長く過ごしたり…、予定通りにいかないことが多々あります。きっちり予定を立ててしまうと、時間通りに進まないことに焦ってしまうことも。決めておくのはスタート時間、山頂到着時間、下山時間ぐらいでよいと思います。

　スタート時間、下山時間を考えるときに参考になるのが、ガイドブックや登山地図の「歩行時間」。これは純粋に歩いている時間のみを表していて、休憩時間などは含めていません。休憩を取ったり昼食を食べたり…ということを考えると実際の行動時間は、歩行時間の1.5倍が目安です。つまり、歩行時間が4時間の山でも、行動時間は6時間、ゆっくり過ごせば7時間程度になってしまいます。

　日帰りハイキングの場合、下山時間は15時前後、遅くとも16時を目安とします。山では太陽が山の陰に隠れると一気に薄暗くなり、街灯がないので日が暮れると真っ暗になります。けがとかちょっとした道間違いのトラブルに対処することを考えると、早めの下山が無難なのです。調子よく歩いて早く下山できれば、打ち上げの時間もゆっくり取れます。

　日照時間の短い秋〜冬は1時間前倒し（遅くとも15時下山）で考えると安全です。

計画も山歩きの楽しみのうち

　山歩きの楽しみは、山の中にいるときだけではありません。どこへ行こうか、どんなルートを歩こうかと考え、下調べを進めてイメージをふくらませていくのも楽しみのひとつ。自分で計画した山歩きは、達成感もひとしお。うまくいかなかったことさえ「いい思い出」となるはずです。

高尾山シミュレーション

SCHEDULE

山田好男さんの高尾山スケジュール

・6月20日に開催。メンバーは友人の鈴木と田中。
・京王線高尾山口駅に10:00集合。
・ケーブルカーでアクセス後、1号路を歩いて高尾山の山頂へ。
・山頂の茶店で高尾山名物のとろろそばを食べる。
・下山は3号路を使い、高尾山ビアマウントで打ち上げ。
・ケーブルカーで下山。

10:00 高尾山口駅集合

木造のきれいな駅舎。
観光案内所もあった。

ケーブルカーがカラフルで
童心に帰る！

11:00 薬王院

山門に「霊気満山」。パワース
ポットということだろうか。

無事に楽しく歩けるようにお参り。おご
そかな気分に。しかし石段の登りが思っ
た以上に急で息が上がる…。

第1章 高尾山で学ぶプランニングの基本

12:00 高尾山

眺めよし！富士山もよく見えている!!
それにしても賑わっている。

もみじ台でランチ

道中ですれ違った人に勧められて、
もみじ台まで足を伸ばしてみた。
茶店のなめこ汁がおいしい。

3号路

13:00 下山スタート

間違えないように道標を
確認していこう。

1号路の喧噪が嘘のよう
な静かな山道。深い山を
歩いているような気持ち
になる。

14:30 高尾山ビアマウント

17:30 ゴール

ケーブルカーで下山し
て高尾山口駅へ到着。
楽しかった〜。

楽しく歩いたから、ビールが美味しい！

第2章

テーマ別プランニング

PLAN 1 歩くことに慣れる
2〜3時間での「ゆる山歩き」

■ 初めてでも楽しめる

「はじめの一歩」は大切です。最初の山歩きで楽しい思いをすれば、また行こう、次はどこへ行こう、となりますし、辛い思いをすればまた行きたいとは思わないでしょう。

山に慣れていない仲間どうしでの山歩き、あるいは山歩き初心者を案内することになった場合には、歩行時間が短めの山を選ぶといいでしょう。歩き慣れていない人が快適に行動できる歩行時間の目安は2〜3時間。それを超すと普段運動をしていない、体力のあまりない人には辛く感じるかもしれません。20ページでも伝えましたが、歩行時間×1.5が行動時間の目安。歩行時間3時間といっても、行動し続ければそれなりに疲れます。

■ 標高差400m未満が目安

行動時間に加えて考えたいのが「標高差」です。標高差の大きな山は体力を消耗します。分かりやすくいうと、同じ5分間でも、平地を5分歩くのと階段を5分登り続けるのでは、階段のほうがずっとつらいでしょう。標高差が少ない＝ゆるやかに登ったり下ったりするルートのほうが歩きやすいです。また、ルートを調べるときには岩場などの危険個所がないことを確認しましょう。

■ 交通手段が簡単

「交通手段」もポイントです。電車だけで登山口に行くことができる、あるいはバスが1時間に何本も出ているような山はプランニングがしやすく、下山が遅れたときにも帰る手段に困りません。複雑な乗り継ぎや本数の少ないバス路線は「乗り間違えたら、乗り遅れたらどうしよう」というプレッシャーとも戦わなくてはなりません。

あとは、知人ガイドが言っていた、初心者におすすめの山は「みんなが知っている山」。例えば高尾山や筑波山、関西なら六甲山など、誰もが知っている山というのは、後日「○○山へ行ってきたよ」と話をすると盛り上がりやすいのだそうです。

第2章 テーマ別プランニング

●標高差
最近のガイドブックは歩行時間だけでなく標高差を図示しているものも多く、難易度の目安になる。

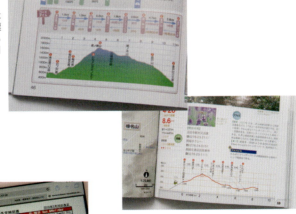

●下山後の交通手段
本数の少ない電車やバスを利用する場合、下山地の電車やバスの時刻は必ず調べておく。スマートフォンなどで時刻表のデータを保存しておくとよいだろう。

筑波山
つくばさん

| 標高：877m
| 茨城県

レベル ★

[コース] つつじヶ丘駅…弁慶茶屋跡…女体山…御幸ヶ原…男体山…御幸ヶ原
[歩行時間] 2時間30分
[登山適期] 1月～6月上旬、9月中旬～12月
[アクセス] つくばエクスプレスつくば駅からバス50分、つつじヶ丘駅下車／マイカー＝常磐自動車道土浦北ICから21km

日本百名山のひとつに数えられる名山。男体山と女体山のふたつのピークを持ち、男体山はケーブルカー、女体山はロープウェイでアクセスできます。おすすめはつつじヶ丘から登山道を歩いて女体山に向かい、男体山まで尾根を歩くコース。中腹からの奇岩めぐりも楽しみです。ケーブルカーで下山し、筑波山神社でお参りをしていきましょう。

入笠山
にゅうかさやま

| 標高：1955m
| 長野県

レベル ★

[コース] ゴンドラ山頂駅…マナスル山荘…入笠山…マナスル山荘…ゴンドラ山頂駅
[歩行時間] 1時間50分
[登山適期] 5月上旬～8月下旬
[アクセス] JR中央本線富士見駅からタクシー10分で富士見パノラマリゾートへ。山頂駅まではゴンドラで／マイカー＝中央自動車道諏訪南ICから5km

ロープウェイで気軽にアクセスできる花の名山。ゴンドラを使って、一気に標高1800m近くまで登れます。前半は快適な湿原散策、後半はしっかりした山道。山頂は360度の大展望、八ヶ岳、日本アルプスの山々や富士山が眺められます。この山はスズランの名所としても知られ、入笠湿原周辺の群生地は6月に見頃を迎えます。

鎌倉アルプス
かまくらあるぷす

標高：159m
神奈川県

レベル ★

[コース]北鎌倉駅…建長寺…大平山…瑞泉寺…鶴岡八幡宮…鎌倉駅
[歩行時間]2時間40分

手軽に登れる、鎌倉市民の「おらが山」。常緑樹の森は冬でも心地よく歩けます。ところどころに中世のお墓(やぐら)が残り、独特の雰囲気。北鎌倉のお寺めぐり、鎌倉の街歩きと組み合わせてプランニングしても。

御岳山
みたけさん

標高：929m
東京都

レベル ★

[コース]御岳山駅…御岳山…天狗岩…綾広の滝…御岳山駅
[歩行時間]2時間20分

古くから信仰の山として知られ、山頂には武蔵御嶽神社があります。御岳山ケーブルカーでアクセスすれば山頂までは30分ほど。時間が許せば御岳山ロックガーデンに足を延ばし、滝と渓谷をめぐるのもよいでしょう。

鋸山
のこぎりやま

標高：270m
(山頂展望台)
千葉県

レベル ★

[コース]浜金谷駅…観月台…山頂展望台…ロープウェー山頂駅
[歩行時間]1時間20分

房総半島にそびえる山で、海を望む絶景が自慢の山。昔の石切場の跡などを眺めながら山頂へ。飛び出した岩のテラス・地獄のぞきは下から眺めるほうがゾクゾクします。下山はロープウェイで約3分の空中散歩です。

上高地自然研究路
かみこうちしぜんけんきゅうろ

標高：
約1500m
長野県

レベル ★

[コース]上高地バスターミナル…田代池…大正池…上高地バスターミナル
[歩行時間]2時間

上高地は日本を代表する山岳リゾート。梓川に架かる河童橋から穂高連峰の岩峰が眺められます。バスターミナルを起点に周遊できる散策ルートが整備され、大正池や田代池を巡る自然研究路が歩きやすいです。

PLAN 2 富士山展望の山歩き
～見えるだけでうれしくなる！

展望登山に適したシーズン

登山を始めてから、私は富士山が大好きになりました。富士山は関東周辺では非常によく目立つランドマーク。山頂や見晴らし台から富士山が見える山はあちこちにあります。裾野を広げた富士山が大きく見えるのもすばらしいですが、遠くの山から富士山が小さく見えるのもテンションが上がります。

富士山をはじめ、展望登山に適しているのは晩秋から冬です。空気が澄んで乾燥しているので、ガスや雲が湧き上がらずに眺めがよいのです。また、関東地方は冬は晴天率が高めです。富士山が雪を頭にかぶった姿が見られるのも晩秋から春先にかけてです。

天気にこだわる

山頂からの富士山など、展望を楽しみに山に行くなら、天気にはこだわりたいものです。天気が悪くてガスがかかっていたり、富士山の周りが厚い雲に覆われていると、間近に山がそびえているはずなのに真っ白で何も見えない…ということも多々あります。18ページで紹介した「天気予報のチェック」は念入りに、しっかり「晴れの日」を狙っていきましょう。

もっとも、ガスで周りの山が見えなくても山歩きが全く楽しめないわけではありません。霧にけぶった樹林や足下の草花は瑞々しく美しいですし、天気が回復し、霧が少しずつ晴れて山が見えてくるさまもダイナミックです。

ダイヤモンド富士

富士山の山頂から朝日が昇っていく、あるいは夕陽が沈んでいくのを「ダイヤモンド富士」と呼びます。山頂に太陽が重なり、ダイヤモンドのように輝くのです。富士山の西側と東側に位置する山で、気象条件に恵まれれば見られる現象。高尾山でも例年、12月中～下旬の日没にダイヤモンド富士が見られます。見られる日時は山のある市町村のサイトなどでも確認できます。

第2章 テーマ別プランニング

●天気で全く異なる景色
天気がよければ美しい富士山の姿が眺められる雲取山の山頂。雨で霧がかかっていると何一つ見えない。

●ダイヤモンド富士
富士山の山頂に太陽が重なるのは、1年に1〜2日。写真は山中湖湖畔からの景色。12月半ばから月末にかけて見られる。

金時山
きんときやま

| 標高：1212m |
| 神奈川県・静岡県 |

レベル ★★

[コース]乙女峠バス停…乙女峠…長尾山…金時山…公時神社
[歩行時間] 2時間40分
[登山適期] 10月上旬～5月中旬
[アクセス] 箱根登山鉄道箱根湯本駅からバス30分、乙女峠下車／マイカー＝東名高速道路御殿場ICから12km

金太郎伝説の残る山で、金太郎が姥と過ごした金時宿り石や公時神社などの名所が点在します。乙女峠からは秀麗な姿の富士山が眺められ、少し登れば箱根の山々も一望のもと。ちょっとした岩場や眺めのよい尾根、変化に富んだルートが楽しめます。山頂からの雄大な富士山は心に残る美しさ。山頂には2軒の茶店があります。

陣馬山
じんばさん

| 標高：855m |
| 東京都・神奈川県 |

レベル ★★

[コース]小仏バス停…景信山…明王峠…陣馬山…和田バス停
[歩行時間] 4時間10分

広々とした芝生の広場の山頂からは、富士山を始め360度の展望が楽しめます。茶店が数軒あり、一服して景色を楽しむのがおすすめです。小仏バス停を起点に景信山から尾根を繋げば歩きごたえのあるルートになります。

石割山
いしわりやま

| 標高：1412m |
| 山梨県 |

レベル ★★

[コース]平野バス停…石割神社…石割山…大平山…ホテルマウント富士入口バス停
[歩行時間] 4時間10分

山中湖の湖畔にそびえる石割山は、湖越しの富士山が魅力。大平山方面に尾根を歩けば、どんどん近づいてくる富士山が圧巻です。石割山の山頂直下には大岩をご神体とする石割神社があり、時計回りに3回まわると運が開けるとか。

三ツ峠山
みつとうげやま

標高：1785m
山梨県

レベル ★★

[コース] 三ツ峠登山口バス停…三ツ峠山荘…開運山（往復）
[歩行時間] 3時間
[登山適期] 5月上旬〜11月上旬
[アクセス] 富士急行河口湖駅からバスで25分、三ツ峠登山口下車／マイカー＝中央自動車道河口湖ICから15km

富士山の間近にそびえる三ツ峠山は、開運山、御巣鷹山、木無山の3つのピークを持つ山です。中でも最高峰の開運山は富士山を望む絶景スポット。大きく迫力のある姿に圧倒されます。開運山の山頂直下にはロッククライミングの岩場があり、クライマーの姿も多く見られます。御巣鷹山の山頂周辺は草原地帯で、夏は花の種類も豊富です。

衣張山
きぬはりやま

標高：120m
神奈川県

レベル ★

[コース]夕陽台バス停…鎌倉幼稚園…衣張山…杉本観音バス停
[歩行時間] 1時間

標高が低くても、たくさん歩かなくても富士見の山はあります。鎌倉の衣張山は住宅街の近くに驚くほどの緑があり、山頂からは丹沢や箱根の山をお供に従えた富士山が大きく眺められます。下山後は鎌倉のお寺巡りもよし。

大山
おおやま

標高：1252m
神奈川県

レベル ★★

[コース]大山ケーブル阿夫利神社駅…富士見台…大山…見晴台…阿夫利神社駅
[歩行時間] 3時間40分

ケーブルカーでアクセスできる信仰と展望の山。険しい登山道を登り切って山頂に立てば、相模湾の海岸線が一望できます。道中の富士山絶景ポイント・富士見台は、かつては茶店もあったのだそうな。

PLAN 3 ロープウェイで山頂駅から山歩き

運行状況の確認を

ロープウェイやケーブルカーを利用すれば、標高の高い山も山頂までのアプローチは格段にラクになり、山の楽しみが広がります。また、乗り物から眺める景色も楽しみのひとつです。

ロープウェイやケーブルカー、リフトなど「山の乗り物」を利用するときは、運行期間や運行時間などを必ず確認しましょう。多くの乗り物はハイシーズンを中心とした季節営業ですし、運行時間も季節で細かく設定されていることがあります。例えば、那須岳に架かる那須ロープウェイは、3月半ばから11月末までの運行で、冬期は運休します。営業時間も、通常期と夏期、オープン直後とクローズ直前で異なり、さらに平日と土休日でも異なっています。

寒さ対策を意識

ロープウェイを使って標高の高いところに一気に行く場合は、寒さや風への備えも必要です。標高が1000m上がると気温は6～7度程低くなります。また、さえぎるもののないところでは風をもろに受けることになるので、体感温度もずっと低くなります。とくに標高2000m以上の山に行くなら、春先や秋はもちろん、夏でも薄手の中わた入りジャケットや手袋、ストールなどを持参します。また、防風対策として薄手のウィンドジャケットも重宝します。山麓の天気予報とは天気が大きく異なることも多いです。たとえ晴れ予報であっても、雨具を必ず持参しましょう。

簡単とは限らない

ロープウェイやケーブルカーで登れるといっても、山麓から山頂駅までのアプローチが省略できるだけで、必ずしも「簡単な山」とは限りません。標高が高ければ天候悪化によるリスクも高くなりますし、一気に標高を上げるということは高山病のリスクもあるということです。山頂駅から先、山の頂までは険しい岩場…ということもあります。

第2章 テーマ別プランニング

● 運行状況
ロープウェイやゴンドラのサイトには運行状況が掲載されている。整備点検のため運休などの情報は見落とさないようにしたい。

● 防寒・暴風対策
着ていないときはコンパクトに収納できる薄手の中わた入りジャケットや、薄手のニットグローブなどがあるとよい。

北横岳

きたよこだけ

標高：2480m
長野県

レベル ★★

[コース]北八ヶ岳ロープウェイ山頂駅…北横岳ヒュッテ…北横岳…縞枯山荘…ロープウェイ山頂駅
[歩行時間]3時間
[登山適期]6月上旬〜10月下旬
[アクセス]JR中央本線茅野駅からバス1時間、北八ヶ岳ロープウェイ下車。山頂駅へはロープウェイで7分／マイカー＝中央自動車道諏訪Cから24km

北八ヶ岳ロープウェイで標高2237mまで登れば、山頂までは1時間強の道のり。北八ヶ岳らしい、シラビソと苔の幻想的な森の雰囲気が楽しめます。山頂は南峰と北峰があり、どちらからも八ヶ岳や日本アルプスの山々が一望に見渡せます。山頂駅付近は坪庭自然探勝路として整備され、荒々しい溶岩とハイマツが日本庭園のような趣を醸し出しています。

車山
くるまやま

標高：1925m
長野県

レベル ★★

[コース] リフト山頂駅…車山…蝶々深山…旧御射山遺跡…車山肩
[歩行時間] 3時間10分
[登山適期] 6月上旬〜9月下旬
[アクセス] JR中央本線茅野駅からバス1時間、車山高原下車。リフト2本で山頂駅へ／マイカー＝中央自動車道諏訪ICから20km

高山植物の宝庫でもある展望の山。車山高原から2本の高速リフトを乗り継げば、山頂まではなんと5分！球体のレーダードームが建つ広々とした山頂からは、富士山をはじめとする日本の高峰が一望のもとです。車山からは蝶々深山から八島湿原へと尾根道を歩き、車山肩へ。フィナーレはニッコウキスゲの咲く草原。

八方池
はっぽういけ

標高：2060m
長野県

レベル ★

[コース] 八方池山荘…八方池…八方池(往復)
[歩行時間] 2時間

ゴンドラと2本のリフトでアクセス。八方池山荘から八方池までは歩きやすい散策路が整備されています。道の両側は夏には高山植物も多く見られます。岩と雪の白馬三山を背景に、青々と水をたたえた池が広がっています。

安達太良山
あだたらやま

標高：1700m
福島県

レベル ★★

[コース] ゴンドラ山頂駅…薬師岳みはらし台…安達太良山(往復)
[歩行時間] 2時間40分

日本百名山のひとつでもある名峰で、荒々しい景観が楽しめます。いくつも登山道がある中、ゴンドラリフトを使って登るのが最短コース。道中には高山植物も多く見られます。下山後には周辺の温泉で疲れを癒すのもよいでしょう。

PLAN 4 湿原・水辺の道を歩く

湿原とは？

　夏は渓谷沿いの散策路や、高所の湿原歩きが心地よい季節です。真夏でも渓谷沿いはひんやりとした風が吹き抜け、大きな滝の間近に寄れば、風とともに水しぶきが霧のように涌き上がり、清涼感もひとしおです。河原に下りて冷たい水に足をひたしながら一息つくのもよいでしょう。のびやかな湿原は春〜夏は花めぐり、秋には草紅葉も楽しめます。

　ところで、湿原とは何でしょう？本来、植物は枯れて地面に落ちると分解されて土に還りますが、湿地や寒冷地では植物が枯れても分解せず、堆積されていきます。堆積されたものが湿地を埋めているのが湿原。非常に長い年月をかけて、作り出された地形なのです。

決められた散策路を歩く

　尾瀬ヶ原や八島湿原は8000年〜1万年かけて成長した湿原だといわれています。枯れた植物が堆積する速度は1年に1mm程度。踏みつけられると復元するのに時間がかかります。登山者や観光客が多く訪れる湿原には散策路が整備され、湿原の中には木道が設けられているところも多く見かけます。必ず散策路を歩きましょう。また、カメラの三脚やストックなどを湿原に立てるのも止めましょう。

濡れて滑りやすい散策路

　渓谷沿いの散策路は、水しぶきや周りからの水のしみ出しなどで、雨の日でなくても濡れていることが多いもの。石がゴロゴロした河原や、岩が露出しているようなところでは、濡れた岩や石、露出した木の根などは滑りやすくなります。不用意に足を置かないようにします。

　また、実は木道も濡れていると滑りやすいのです。雨や霧の日は、濡れによる不快感や疲労で注意力が散漫になり、何でもない平坦な木道で足を滑らせたり、段差につまずいて転倒することもあります。足元に十分注意して進みましょう。

第2章 テーマ別プランニング

●湿原でよく見られる花

●ミズバショウ
雪解け直後の湿原で多く見られる、春の妖精。白い花姿が印象的。

●ニッコウキスゲ
夏のはじめに草原や湿地で、大きな黄色の花がよく目立つ。

●アヤメ
湿原や草地に見られる濃い紫色の花。似たような姿のハナショウブも。

●ヒツジグサ
日本で自生する唯一のスイレン。山地の沼や湿原に見られ、夏に白く小さな花をつける。

尾瀬ヶ原
おぜがはら

| 標高：約1400m
| 群馬県・福島県

レベル ★★

[コース]鳩待峠…山の鼻…竜宮小屋…山の鼻…鳩待峠
[歩行時間] 5時間30分
[登山適期] 6月上旬〜10月上旬
[アクセス] 上越新幹線上毛高原駅からバス2時間、戸倉で乗り換え30分、鳩待峠下車／マイカー＝関越自動車道沼田ICから53kmで戸倉へ。戸倉からはマイカー規制によりシャトルバス利用

「遥かな尾瀬、遠い空」の歌でも知られる、日本でも人気の高い湿原。初夏から秋にかけては多くのハイカーや観光客が訪れます。雪解け直後のミズバショウ、初夏のニッコウキスゲの時期が見どころですが、初秋に草原が金茶色に染まる時期も美しいものです。湿原の中にある山小屋に泊まり、素敵な山の一夜を過ごすのもおすすめです。

戦場ヶ原
せんじょうがはら

| 標高：約1400m
| 栃木県

レベル ★

[コース]赤沼バス停…青木橋…泉門橋…湯ノ湖…湯元温泉バス停
[歩行時間] 2時間30分

この地で神々が戦ったという神話が名前の由来。日光の山々に囲まれた、広大な湿原です。湿原内は木道が整備され、デッキやベンチもあります。湯ノ湖まで足を伸ばし、日光湯元の温泉に立ち寄っていくのもよいでしょう。

八島湿原
やしましつげん

| 標高：約1630m
| 長野県

レベル ★

[コース]八島湿原バス停…鎌ヶ池…八島湿原バス停（P.35車山MAP参照）
[歩行時間] 1時間40分

霧ヶ峰の北西部に位置する湿原で、国の天然記念物に指定されています。ハート形の池をぐるりと一周する散策路が設けられています。バス停そばにビジターセンターがあり、ガイドウォークも行われています。

西沢渓谷
にしざわけいこく

| 標高：約1100m
| 山梨県

レベル ★★

[コース]西沢渓谷入口バス停…三重の滝…七ツ釜五段の滝…展望台…西沢入口渓谷バス停
[歩行時間] 3時間40分
[登山適期] 5月中旬〜11月上旬
[アクセス] JR中央本線山梨駅からバスで1時間、西沢渓谷入口下車／マイカー＝中央自動車道勝沼ICから30km

次々と現れる滝、エメラルドグリーンの清流が美しい、山梨屈指の景勝地。渓谷沿いに散策路が整備されています。見どころは最奥にある七ツ釜五段の滝。下から滝を眺め、徐々に急な山道を登り上流に近づきますが、見る高さで姿を変えていく滝が迫力満点。紅葉の名所としても知られ、例年の見頃は10月中旬〜11月上旬です。

鳩ノ巣渓谷
はとのすけいこく

| 標高：約250m
| 東京都

レベル ★

[コース] 古里駅…雲仙橋…白丸ダム…白丸駅
[歩行時間] 2時間

JR青梅線に沿って流れる多摩川。古里駅から奥多摩駅にかけての区間は渓谷歩道が設けられています。ビューポイントは鳩ノ巣駅近く、鳩ノ巣小橋の周辺。岩の河原や豊かな樹林、橋からの眺めなど、変化に富んだ景観が魅力です。

百尋の滝
ひゃくひろのたき

| 標高：900m
| 東京都

レベル ★★

[コース]川乗橋バス停…細倉橋…百尋の滝（往復）
[歩行時間] 3時間10分

奥多摩でも人気の高い川苔山の中腹にかかる滝。落差は約25m、音をたてて壁を流れ落ちる美しい姿の滝です。滝への道は前半は車道歩き、後半は心地よい沢沿いの道となります。川苔山へは滝から険しい山道を登り2時間の道のりです。

PLAN 5 ひたすら森林に浸る

森林の癒し効果（森林セラピー）

木々や土の匂い、吹き抜ける風、木漏れ日。豊かな緑の中にいると、心が穏やかになり、リラックスできる気がしませんか？ ちょっと疲れ気味で自然に癒されたいときには「山頂を目指さない森林ウォーク」を楽しんでみてはいかがでしょう。

「森林セラピー」という言葉を聞いたことがあるでしょうか。癒しの効果が科学的に検証された森林浴のことをいいます。森林浴の癒し効果を心と体の健康づくりに生かそうという試みで、西沢渓谷（39ページ）や檜原都民の森（42ページ）の一部など、全国で60以上の地域が「森林セラピー基地」に認定されています。

植物を知る楽しみ

いつもよりゆったりとしたペースで、木々や草花に目をとめ、野鳥のさえずりに耳を傾けてみましょう。山頂を目指して息を切らして登っているときには目に入らなかったものが、たくさん見えてきます。ポケットサイズの植物図鑑や樹木図鑑などがあれば、名前を調べてみてもよいでしょう。ルーペを持っていれば、花や葉をなどを拡大して見てみると楽しいものです。

私のおすすめは、現地のビジターセンターなどで発売あるいは配布している地域限定のパンフレットや小冊子。図鑑だと同じような形や色の花がたくさんあって迷いますが、地域限定なら、ここで見られるこの花はこれ、と特定しやすくなります。

現地ガイドの案内を取り入れる

ビジターセンターなどで、自然を解説するガイドウォークを行っていることもあります。短いものなら1〜2時間、長くても半日程度。値段も比較的リーズナブルで、無料の場合もあります。自然解説員の解説を聞きながら、見られる動植物を知ることができます。いつも歩いてる山を、より深く知ることができるので、おすすめです。ビジターセンターのサイトで、開催される日程や時間を事前に知ることもできます。

第2章 テーマ別プランニング

● 植物観察アイテム
私が普段持ち歩いているのはハンディタイプの植物図鑑。花の色別に分類されていてお気に入り。すぐに調べられないときのために、カメラも用意。

● ガイドツアー
予約不要・当日受付のツアーもある。分かりやすく解説してもらえるので、気軽に問い合わせてみよう。

檜原都民の森
ひのはらとみんのもり

標高：1531m（三頭山）
東京都

レベル ★★

[コース]都民の森バス停…鞘口峠…三頭山…三頭大滝…都民の森バス停
[歩行時間] 3時間25分
[登山適期] 4月上旬〜11月上旬
[アクセス]JR五日市線武蔵五日市駅からバス1時間10分、都民の森下車／マイカー＝圏央道日の出ICから35km

東京都の最奥部にそびえる三頭山は、中腹から山頂にかけて「檜原都民の森」として整備されています。散策路が設けられており、登山者だけでなく自然散策を楽しむ人々でも賑わっています。山頂直下には貴重なブナの森も。都民の森入り口から三頭大滝へ向かう散策路「大滝の路」は、森林セラピーロードに認定されています。

乗鞍高原
のりくらこうげん

標高：1590m（牛留池）
長野県

レベル ★

[コース]観光センター前バス停…ネイチャープラザーの瀬…牛留池…休暇村乗鞍高原
[歩行時間] 1時間35分

乗鞍岳の中腹、標高1500m付近に広がる高原地帯。散策路がいくつも整備されていて、伸びやかに草原が広がる一の瀬園地や、逆さ乗鞍が眺められる牛留池、迫力満点の善五郎の滝など、さまざまな見どころがあります。

玉原高原
たんばらこうげん

標高：約1200m
群馬県

レベル ★★

[コース]センターハウス…鹿俣山登山道分岐…玉原湿原…センターハウス
[歩行時間] 3時間

上州武尊山、鹿俣山の裾野に広がる高原で、広大なブナの森が残っています。樹齢400年あまりの巨木も多く、新緑、紅葉の時期が見どころです。ブナ林に囲まれた玉原湿原は珍しい植生で「小尾瀬」とも呼ばれています。

白駒池
しらこまいけ

標高：2115m
長野県

レベル ★

[コース] 麦草峠…白駒池(1周)…麦草峠
[歩行時間] 1時間45分

コメツガやシラビソなどの針葉樹の森が広がる北八ヶ岳は、苔が豊富なことでも定評があります。中でも白駒池周辺は400種類以上の苔が生息する貴重な苔の森。池周辺の散策路を、ルーペを片手に歩いてみましょう。

青木ヶ原樹海
あおきがはらじゅかい

標高：900-1000m
山梨県

レベル ★

[コース] 西湖コウモリ穴駐車場…ツガの巨木…雨宿りの穴…根場入口バス停
[歩行時間] 1時間30分

富士山の山麓に広がる青木ヶ原樹海。溶岩台地の上に木々や植物が茂り、独特の植生を見せています。散策コースが整備され、道標も多く立てられています。遊歩道からはずれて樹海に立ち入らないように注意を。

● 世界遺産の森を歩く

冬は流氷に覆われ、多様な自然環境を目の当たりにできる知床、東アジア最大級のブナの原生林が広がる白神山地、樹齢1000年以上の屋久杉が見られる屋久島、固有の動植物が多く「東洋のガラパゴス」とも呼ばれる小笠原諸島。日本には4つの世界自然遺産があり、それぞれが個性的な自然環境を持ちます。

世界遺産とは、顕著で普遍的な価値を有する地域、世界で唯一の価値を有する重要な地域で、人類共通の財産として将来の世代に引き継いでいく自然景観を指します。世界自然遺産の認定にあたっては生態系や生物多様性などの条件が必要とされています。

屋久島を代表する屋久杉の古木・縄文杉。見に行くには荒川登山道から往復10時間程度、本格的な登山が必要となる。

PLAN 6 山と温泉
～至福のひとときを味わう

心に、体に効く下山後の一風呂

　山を歩いて心地よく疲れて、山麓の温泉で汗を流す。考えただけでもニヤリとしてしまう、至福の瞬間です。登山と温泉は切り離せない！という登山通・温泉通も少なからずいます。山の麓に湧く温泉地も数多くあります。

　温泉には泉質があり、肌をなめらかにするもの、体をよく温めるものなどさまざまです。しかしいずれにしても、下山後にゆっくりとお湯に浸かることは疲労回復に効果がありますし、気持ちもさっぱりとします。水風呂もあるような施設なら、足を熱い湯と冷たい水に交互に浸ける温冷浴もおすすめです。

お泊まり登山のすすめ

　立ち寄り湯でさっぱり帰宅、もよいのですが、本当におすすめしたい、最近私がはまっているのが「日帰り登山＋温泉宿に1泊」コース。温泉はたしかに気持ちがよいですが、入浴後に電車やバスを乗り継いで…というのは帰りの時間が気になってせわしないうえ、かえって疲れが出て面倒になってしまう、ということもあります。山から下りたらすぐに宿に入り、時間を気にせず風呂に入って部屋でくつろぎ、地元のおいしい料理に舌鼓を打ち…。1日がんばった自分への「究極のごほうび」といってよいでしょう。

　良質の温泉が湧いている遠くの山に行くなら、思い切って「お泊まり登山」にしてしまいませんか。極上の癒しの時間が待っています。

火山と温泉

　温泉の湧く山の中には、今も活動を続ける活火山も多くあります。火山は活動が活発になれば、一部または全域で入山禁止になることがあります。登る前には、地元市町村や山域のビジターセンター、気象庁のサイトなどで、必ず最新の情報を確認しておきましょう。また、焼岳など活動が活発な山では、噴石などの対策としてヘルメットの着用を推奨しているところもあります。

第2章 テーマ別プランニング

●温泉セット
日帰り登山でもよい温泉があれば入っていきたい。タオル(または手ぬぐい)と歯ブラシなどをセットにした温泉セットを常に持ち歩くようにしている。女性ならトラベル用のスキンケアセットもあるとよい。

●火山情報
気象庁では、登山者向けに火山情報を提供。個々の火山ごとに、噴火警報や火山の状況に関する解説をしている。
http://www.data.jma.go.jp/svd/vois/data/tokyo/STOCK/activity_info/map_3.html

焼岳
やけだけ

| 標高：2444m（北峰）
| 長野県・岐阜県

レベル ★★★

[コース] 中の湯バス停…焼岳北峰（往復）
[歩行時間] 6時間20分
[登山適期] 6月上旬～10月上旬
[アクセス] JR中央本線松本駅からバスで1時間31分、中の湯下車／マイカー＝長野自動車道松本ICから沢渡へ。沢渡からはマイカー規制のためバス利用となる

今も噴煙を上げ続ける焼岳は、上高地のランドマーク。大正池の池ごしに眺める堂々とした姿が印象的です。南峰と北峰があり、南峰は火山活動のため立ち入り禁止。登山口は上高地と中の湯にあり、山頂近くには山小屋もあります。上高地と中の湯から登山道がありますが、山の秘湯・中の湯温泉旅館でゴールすれば、露天風呂から眺める山々が格別です。

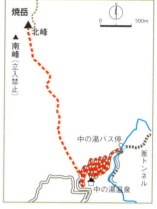

硫黄岳
いおうだけ

| 標高：2760m
| 長野県

レベル ★★★

[コース] 稲子湯…しらびそ小屋…本沢温泉…硫黄岳（往復）
[歩行時間] 10時間20分（2日間）
[登山適期] 6月上旬～10月下旬
[アクセス] JR小海線小海駅からバスで35分、稲子湯下車／マイカー＝中央自動車道須玉ICから55km

荒々しい岩峰が連なる南八ヶ岳に位置する硫黄岳。山の東側には魅力的な温泉が点在しています。標高2150mの地点に立つ本沢温泉は、日本最高所の露天風呂が名物。もちろん内湯もあり、快適に入浴できます。本沢温泉を過ぎ、夏沢峠からは岩場もあるかなり急な登りで山頂へ。すばらしい眺めが広がります。下山後は稲子湯で一浴も。

箱根駒ヶ岳
はこねこまがたけ

標高：1356m
神奈川県

レベル ★

[コース] 駒ヶ岳山頂駅…駒ヶ岳（往復）
[歩行時間] 10分

箱根外輪山の中にそびえる箱根駒ヶ岳。ロープウェイでアクセスすれば、山頂まで徒歩5分。雄大な富士山が、箱根の山々の向こうに見渡せます。下山後は天下の名湯・箱根温泉へ。日帰りの温泉施設や日帰り利用可能な温泉宿、選び放題です。

幕山
まくやま

標高：626m
神奈川県

レベル ★★

[コース] 幕山公園バス停…幕山（往復）
[歩行時間] 2時間20分

梅の名所として知られ、2～3月には多くの人で賑わいます。相模湾に近く、山頂からの海の眺めも格別です。幕山公園から山頂往復なら歩き慣れていない人でも大丈夫。下山後は良質の湯で知られる湯河原温泉へ。海の幸も楽しみです。

日光白根山
にっこうしらねさん

標高：2578m
栃木県・群馬県

レベル ★★★

[コース]菅沼登山口…弥陀ヶ池…日光白根山…五色沼…菅沼登山口
[歩行時間] 6時間10分

関東以北で最も標高の高い山。行程が長く、山頂直下には険しい岩場もある登りごたえのある山ですが、山頂からの眺めがよく、弥陀ヶ池や五色沼など山上の湖沼もきれいです。下山後は少し足を伸ばして、白い濁り湯の日光湯元温泉へ。

天狗岳
てんぐだけ

標高：2640m
長野県

レベル ★★★

[コース]渋の湯バス停…黒百合平…中山峠…天狗岳…黒百合平…渋の湯
[歩行時間] 7時間20分（2日間）

山々が連なる北八ヶ岳の中ほどに位置し、東峰と西峰を持つ双耳峰。しっとりした雰囲気の針葉樹林を抜け、岩場をひと登りで展望の頂にたどり着きます。登山口には歴史ある山の秘湯・渋の湯があり、山の疲れを癒してくれます。

PLAN 7 岩場のある山
〜冒険心を呼び覚ませ！

■ 岩場の通過は「三点支持」

手足を使って岩をよじ登っていくのは、子どもの頃に憧れた「冒険」を思い起こします。ロープを使って登るロッククライミングでなくても、登山道の途中にちょっとした岩場がある山はたくさんあります。

岩場を登るときの基本動作は「三点支持」。人間の体には両手・両足＝4つの支点があり、そのうちの3点が定まっていれば、体は安定します。安定した場所に3点を置き、1点を動かして進んでいくのです。

■ 手よりも足が大事

岩を登るときに重要なのは「足」です。慣れていないと、腕を伸ばして遠くの岩を力いっぱい掴み、腕の力で体を引き上げるという動作をしがちですが、逆に足を安定した場所に置いて乗り込み、体を持ち上げる感じです。手は岩を掴むというより体を安定させるために置いているイメージ。そのためにも、足の置く位置はしっかり見極めます。

足の位置をしっかり見えるようにするためには、腕を少し伸ばすようにするのがポイントです。腕が縮こまって岩にへばりついた状態になると、足元が見えず、適当なところに足を置いてしまいます。腕を伸ばし、体と岩の間に空間を作るようにすると足元がしっかり見えます。

■ ロープ・鎖は1人で使う

岩場にはロープや鎖が設置されている場合があります。この場合、ロープや鎖は「1人で1本使う」のが鉄則。何人かでロープを持って登って（下って）いるとき、1人がバランスを崩すとロープが振られて、他の人もバランスを崩してしまい非常に危険です。杭などでロープや鎖が区切られているときは、区切られた1区間を1人で持つようにします。

ロープや鎖があると、ついつい頼りたくなってしまいますが、力一杯掴んで登り（下り）続けるのはかなり腕力を使い、疲れます。基本的には足で立ち、鎖は補助的に使うと考えた方が安定して登れます。

第2章 テーマ別プランニング

●三点支持
両足でしっかり岩の上に乗り、片手は岩を掴んだ状態で、片方の手を伸ばして上の岩を掴む。両手が安定したら、片足を安定した場所に上げ、もう片足も安定した場所に上げる…の繰り返し。

●鎖場の通過
切れ落ちた崖を横切るような登山道に鎖が付けられていることも。このときも基本は1人で1区間。

谷川岳
たにがわだけ

標高：1977m
群馬県・新潟県

レベル ★★★

[コース]ロープウェイ天神平駅…熊穴沢避難小屋…肩の小屋…谷川岳（往復）
[歩行時間] 4時間30分
[登山適期] 6月上旬～10月下旬
[アクセス] JR上越線水上駅からバス20分、谷川岳ロープウェイ下車。天神平駅へはロープウェイで15分／マイカー＝関越自動車道水上ICから13km

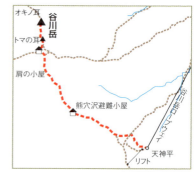

1年を通じて多くの登山者で賑わう、新潟・群馬の国境にそびえる山。ロープウェイで山の中腹までアクセスできますが、その後の登山道もちょっとした岩場や鎖場があり、油断できません。稜線に出れば、新潟・群馬の県境となる尾根が長く連なっているのが眺められます。高山植物の種類も多く、7～8月は可憐な花が稜線を彩ります。

岩殿山
いわどのやま

標高：634m
山梨県

レベル ★★

[コース]大月駅…岩殿山…兜岩…稚子落とし…大月駅
[歩行時間] 3時間30分
[登山適期] 4月上旬～6月下旬、9月下旬～11月中旬
[アクセス] JR中央本線大月駅下車／マイカー＝中央自動車道大月ICから18km

かつては戦国時代の山城があった山。つるりとした岩肌が中央本線や中央自動車道からよく目立ちます。山頂からの富士山の眺めはすばらしく、大月駅を起点に周回できる手軽さも魅力です。山頂から西側へ尾根道を進むと岩場が数カ所現れます。ロープや鎖、ステップはしっかり付けられていて、天然のアスレチックのようです。

棒ノ折山
ぼうのおれやま

標高：969m
東京都・埼玉県

`レベル` ★★

[コース]さわらびの湯バス停…名栗湖…権次入峠…棒ノ折山…権次入峠…さわらびの湯
[歩行時間]5時間

東京都と埼玉県の境にそびえる山。埼玉県側、名栗湖畔の登山道から取り付く沢沿いの道は、沢を横切ったり、大きな岩の間を通り抜けたりと、アドベンチャー気分が味わえます。下山地に日帰り入浴施設もあります。

瑞牆山
みずがきやま

標高：2230m
山梨県

`レベル` ★★★

[コース]瑞牆山荘…富士見平…天鳥沢…瑞牆山（往復）
[歩行時間]4時間25分

遠くからでもよく目立つ、独特の形をした岩山です。ミズナラやシラカバの林を進み、天鳥沢を過ぎるとハシゴや鎖場が連続する険しい登山道へ。山頂からは富士山や八ヶ岳、南アルプスの景色が一望に見渡せます。

第2章 テーマ別プランニング

乾徳山
けんとくさん

標高：2031m
山梨県

`レベル` ★★★

[コース]乾徳山登山口バス停…国師ヶ原…扇平…乾徳山(往復)
[歩行時間]6時間30分

徳和地区から山頂に向かうルートは、前半は針葉樹の樹林からススキの草原へ、後半は険しい岩場。山頂直下は切り立った岩場を、鎖を頼りに登っていきます。登山道の途中には2カ所の水場があり、清冽な水が流れています。

妙義山
みょうぎさん

標高：860m
（第4石門）
群馬県

`レベル` ★★

[コース]妙義神社…第二見晴…中之岳神社
[歩行時間]3時間20分

急峻な岩峰が連なる山。大半は険しい難関ルートですが、妙義神社から石門に向かう中間道は、適度な岩登りと奇岩巡り、眺望が楽しめる好ルートです。春先には妙義さくらの里へ足を伸ばしましょう。サクラと岩のコントラストも素敵。

PLAN 8 ちょっと長めの縦走登山
〜稜線散歩を楽しむ

基本が大事な長時間歩行

　長く長く連なる稜線。ここをずっと歩けたらどんなに気持ちよいだろう。山と山をつなげて歩く縦走登山は、山の醍醐味です。稜線からの景色も楽しみですし、長距離を歩く達成感もひとしおです。また、下山してから歩いた稜線が見えると「ああ、こんなに歩いたのか」と自分を褒めたくなるでしょう。

　アップダウンを繰り返しながら、長時間歩き続ける縦走登山。最後までバテずに歩き続けるために必要なのは、特別な体力や技術ではなく「基本」。ペース配分、休憩のタイミングや水分・栄養補給、安定した歩行技術。そういったごく基本の動作をひとつずつ確実に進めていくことで、快適に、安全に山行を進めることができるのです。

無理のないプランニングを

　一般的な体力の人間が疲れを感じずに歩ける1日の歩行時間の目安は、およそ6時間といわれています。6時間を過ぎると一気に疲れが出てきます。8時間以上はそれなりに体力がないと歩き通すのが困難です。行動時間は歩行時間の1.5倍見積もり、と考えると、歩行時間8時間の山というのは、行動時間は10時間を優に超えるのです。例えば54ページの塔ノ岳は、歩行時間が7時間。1日で歩くとかなり厳しいルートですが、山頂の山小屋に宿泊をすると、初日が4時間半、2日目が2時間半という無理のない行程になります。

　疲れると人は集中力を欠いてしまい、道迷いや滑落などのリスクが増えます。長時間歩行に慣れないうちは、1日の行動時間は6時間程度に収めるように心がけるとよいでしょう。やむをえず7〜8時間を超える場合も、6時間たってから岩場など困難な場所を通過するようなことのない計画を立てます。

地図で先を読む

　急な登りやアップダウンが続く縦走登山では、先の地形を予測することでずっとラクになります。「ここ

から一気に100m下り、そのあとはゆるやかに登っていく、最後にちょっときつい登りがあって、山頂に着く」というような予測ができていれば、最後のきつい登りも「ああやっぱりきたな」と心の準備ができます。ペース配分や休憩のタイミングをはかる意味でも、地図での先読みは大切です。

● 山座同定
展望のよい山頂では、周りに見える山の名前を調べる「山座同定」も楽しみ。展望盤などがあればよいが、なくても地図とコンパスでできる。

● 下山遅れに要注意
行程の長い山では疲れてペースが落ちると日没を迎えてしまうことも。スタート時間はできる限り早めにしましょう。日帰りの登山でもヘッドライトは忘れずに。

塔ノ岳

とうのたけ

標高：1491m
神奈川県

レベル ★★★

[コース]ヤビツ峠…三ノ塔…行者ヶ岳…新大日…塔ノ岳…大倉
[歩行時間] 7時間
[登山適期] 4月上旬～11月下旬
[アクセス] 小田急線秦野駅からバス50分、ヤビツ峠下車／マイカー＝東名高速道路秦野中井ICから30km

丹沢でも人気の高い展望の山。いくつか登山ルートがある中で、ヤビツ峠から登る表尾根は、文字通り絶景の稜線散歩が楽しめる好ルートです。裾野を広げる富士山の姿が美しく、目の前にはこれから進む稜線がずっと続いているのが眺められます。さえぎるもののない山頂には山小屋・尊仏山荘が建ち、宿泊すれば美しい夕焼けやご来光にも出会えます。

雲取山
くもとりやま

標高：2017m
東京都・埼玉県・山梨県

レベル ★★★

[コース] 鴨沢バス停…ブナ坂…雲取山…ブナ坂…鷹ノ巣山…倉戸口バス停
[歩行時間] 11時間50分 (2日間)
[登山適期] 5月上旬～11月上旬
[アクセス] JR青梅線奥多摩駅からバス35分、鴨沢下車／マイカー＝中央自動車道八王子ICから50km

東京都の最高峰。山頂からは富士山をはじめ関東周辺の山々が見渡せ、天気に恵まれれば北アルプス、南アルプスまで眺められます。石尾根縦走路は広々とした防火帯の尾根。山々の眺めがよく快適です。山頂近くの雲取山荘宿泊で鴨沢から往復でもよいのですが、体力に余裕があれば鷹ノ巣山まで足を伸ばし、奥多摩湖方面に下山するとよいでしょう。

大菩薩嶺
だいぼさつれい

標高：2057m
山梨県

レベル ★★

[コース] 上日川峠バス停…福ちゃん荘…大菩薩峠…雷岩…大菩薩嶺…福ちゃん荘…上日川峠バス停
[歩行時間] 3時間35分

中里介山の小説「大菩薩峠」でも知られる山。大菩薩峠から山頂までの尾根道は、左手に富士山や南アルプスの好展望が広がり、快適に歩くことができます。山頂は木々に囲まれて展望がないので、手前の雷岩で一息つきましょう。下山は急勾配の唐松尾根を下ります。

金峰山
きんぷさん

標高：2595m
山梨県・長野県

レベル ★★

[コース] 大弛峠…金峰山…富士見平…増富温泉バス停
[歩行時間] 6時間

奥秩父にそびえる岩山。森林限界を越えた稜線は展望がよく、ハイマツと大岩をぬうように進んでいきます。山頂には不思議な形に積み上がった大岩、五丈岩があります。山頂直下には金峰山小屋があり、山の一夜も楽しみです。

PLAN 9 季節を楽しむ
～花と紅葉の山歩き

一期一会の楽しみ

春は低山の草花や花木、夏は高峰に咲き乱れる高山植物、そして紅葉の秋。四季のある日本は季節ごとに山の楽しみがあります。山でお花見、そして紅葉狩りを楽しんでみませんか。色とりどりの紅葉が楽しめるのは、樹木の種類が多い日本の山ならではだそうです。

花も紅葉も、本当の見頃はあっという間です。自然のものなので、花が咲く時期の調節などもできません。花も紅葉も、年によって美しいときとそうでないときがあります。訪れた人だけが、今だけ楽しめる、まさに一期一会の世界なのです。

見頃の情報を集める

山の花や紅葉を目当てに山に行こうと思ったら、まずは見頃の情報を集めるところから始めます。例年の見頃は雑誌やガイドブックなどで確認できます。そのうえで「今年の状況」を確認していきます。花や紅葉の状況はその年の気候でズレがあります。去年訪れたら満開だったので全く同じ日に訪れたら、もう見頃を過ぎていた…ということも少なくありません。花や紅葉の名所の山の場合、市町村やビジターセンターのサイトなどで開花(紅葉)情報をアップしていることもあります。あるいは役場などに直接問い合わせてみてもよいでしょう。

山で見られる花や樹木の名前は、全部覚える必要はありません。いろいろな山でよく見かける、あるいは自分が好きな花を2～3覚えておけば十分です。そろそろこの花が咲くから山に行ってみよう、そんな楽しみ方ができると素敵です。

交通機関も要注意

見頃の時期は道路も混雑します。車の場合はマイカー規制が一時的に行われたり、駐車場が有料になるところもあります。一方で、臨時電車や現地へのシャトルバスが運行するなどのメリットも。いずれにせよ、現地のサイトなどで交通状況の確認をしておくとよいでしょう。

第2章 テーマ別プランニング

●知っておくと楽しい山の草花

●カタクリ
低山の樹林帯で春先に見られる。うつむき加減に咲くピンクの花はまるで春の妖精。

●ニリンソウ
春、低山の沢沿いや湿り気のある林床に咲く。葉の付け根から2本の茎を出し、花をつける。

●チングルマ
夏、標高の高い山で、雪解け直後に咲く。いかにも花らしい、愛らしい姿の花。

●ミヤマキンポウゲ
黄色くツヤツヤと光沢のある花びらがよく目立つ。標高の高い草原に群生する。

乗鞍岳
のりくらだけ

標高：3026m
長野県・岐阜県

レベル ★★

［コース］畳平…肩の小屋…乗鞍岳（往復）
［歩行時間］3時間20分
［登山適期］6月下旬〜10月上旬
［アクセス］JR中央本線松本駅からバス1時間40分、乗鞍観光センター前でシャトルバスに乗り換えて50分、畳平下車／マイカー＝長野自動車道松本ICから40km

日本で最も短時間に登頂できる3000m峰。標高2700mの畳平バスターミナルを起点に、山頂の剣ヶ峰までは2時間弱で到達します。山頂からは北アルプスの山々が間近に眺められます。バスターミナルからすぐのところには湿原のお花畑があり、7〜8月には次々に花が見頃を迎えていきます。散策路が整備され、観光客も多く訪れています。

蓑山
みのやま

標高：587m
埼玉県

レベル ★

［コース］親鼻駅…見晴らし園地…蓑山…和同開珎の碑…和銅黒谷駅
［歩行時間］2時間35分

山頂周辺が県立公園として整備され、花の名所として人気の山。4月はサクラ、5月はヤマツツジ、6〜7月はヤマツツジやアジサイなどが咲き、草花の種類も豊富です。山頂からは秩父の名峰・武甲山や両神山が見渡せます。

花見山
はなみやま

標高：180m
福島県

レベル ★

［コース］シャトルバス停留所…観光案内所…山頂展望場…観光案内所…シャトルバス停留所
［歩行時間］1時間30分

花を栽培する農家が、敷地内の山に花を植え、見頃の時期に一般開放しています。サクラやレンギョウ、ハナモモなど、花木が春霞のように山を埋め尽くしています。敷地内は整備された散策路を歩き、花を楽しめます。

昇仙峡
しょうせんきょう

標高：約680m
山梨県

レベル ★

[コース]昇仙峡口バス停…覚円峰…仙娥滝…昇仙峡ロープウェイ
[歩行時間] 2時間

白い花崗岩と清流が織りなす渓谷美が味わえる、屈指の紅葉の名所。一番の見どころは覚円峰。天を指すような白い岩峰を赤や黄色に染まった木々や常緑樹が彩ります。渓谷沿いの遊歩道で奇岩巡りも楽しみのひとつ。

篭ノ登山
かごのとやま

標高：2228m
長野県・群馬県

レベル ★★

[コース]高峰温泉…水ノ塔山…東篭ノ登山…西篭ノ登山…池の平…高峰温泉
[歩行時間] 4時間20分

東と西にふたつのピークを持つ好展望の双耳峰。稜線は6〜8月には愛らしい高山植物が咲き次いでいきます。山麓のカラマツやダケカンバの黄葉も見事。山麓には雲上の秘湯として名高い温泉宿・高峰温泉があります。

那須岳
なすだけ

標高：1915m
栃木県

レベル ★

[コース]那須山麓駅…中ノ茶屋跡…峰の茶屋…茶臼岳…那須山頂駅
[歩行時間] 2時間10分
[登山適期] 5月上旬〜10月下旬
[アクセス] JR東北本線黒磯駅からバス1時間、那須ロープウェイ下車／マイカー＝東北自動車道那須ICから19km

那須岳は茶臼岳、朝日岳などいくつかの山の総称。主峰の茶臼岳は今も噴煙を上げる活火山で、丸くお碗を伏せたような山容が印象的です。木々のまったくない山頂はお鉢になっていて、一周することができます。ロープウェイで山頂近くまでアクセスできますが、山麓駅から登山道を歩くと、隣の朝日岳の紅葉風景も楽しめておすすめです。例年の見頃は10月上旬〜中旬。

第2章 テーマ別プランニング

PLAN 10 年に一度のアルプス登山！
～3000m級の絶景を満喫

日本アルプスの登山シーズン

　日帰り山歩きで経験を重ね、もっと山を楽しみたいと思ったら、日本アルプスも視野に入れてみましょう。北アルプス（飛騨山脈）、中央アルプス（木曽山脈）、南アルプス（赤石山脈）からなる日本アルプスは、3000m級の山々が連なる、登山者憧れの山域です。岩場などが続く険しい難関もある一方で、ロープウェイなどでアクセスできる山もありますし、危険個所が少なく歩行時間の短い山もあります。

　日本アルプスは1年の半分は雪に閉ざされ、その時期は専用の装備が必要なエキスパート向けの山です。登山道の雪がなくなり登ることができるようになるのは、おおよそ7月中旬（海の日の連休）から10月上旬（体育の日の連休）。10月になると雪が降り始め、天候判断も非常に難しくなります。

小屋泊まり登山の計画を立てる

　多くの場合、移動距離も高低差も長い日本アルプスでは、1泊以上の行程で歩きます。メジャーな山域なら山小屋も多く、体力や行程にあわせてルート上の山小屋を選ぶことができます。山小屋は基本的に予約をします。そのときに登山道の情報や小屋の混雑状況などを確認しておくとよいでしょう。また、天候などの都合で山小屋をやむを得ずキャンセルするときは必ず連絡を入れます。そうでないと「来るはずの人が来ない＝遭難」と考えられてしまいます。

　行動時間の目安は52ページで説明したとおり、歩行時間6時間前後、8時間を上限として考えましょう。山小屋に着くのは極力14時前、遅くとも15時には入れるように逆算して、行動開始時間を考えていきます。

夜行バスを利用する

　日数のかかるアルプス登山では、アプローチの手段に夜行バスも多く利用されます。乗り換えなしでアクセスできるうえ、夜行なら翌日の早朝から行動できるので効率的です。地方都市へ行く路線バスのほか、最

近は登山口まで直行する夜行の登山バスも増えてきました。

一方でバスの移動はどうしても熟睡しづらいものです。私は夜行バス利用の場合は初日の行程を短めにし、小屋で体を休めるようにしています。時間に余裕があるときは登山口近くの都市のビジネスホテルに前泊することも。熟睡できると翌日の行動のキレが違います。

● 混雑期を避ける
7月最終週や8月第1週の週末、お盆やシルバーウィークなどは、山小屋も非常に混雑する。布団1枚に2人で寝る、食堂に人が入り切らなくて何度かに分けて食事が行われる、ということも。当然熟睡できず疲れが残った状態で歩くことになってしまうので、日程の調整ができるなら極力混雑期を避けて計画したい。

● 便利な登山バス

さわやか信州号	新宿、大阪・京都から発着する登山バス。上高地便と白馬方面便がある。往路は夜行、復路は昼行便となる。 http://sawayaka.alpico.co.jp/
毎日あるぺん号	毎日新聞旅行が運営する登山バスで、八ヶ岳や日本アルプス各地に直行する。山小屋泊まりがセットになったプランも。 http://www.maitabi.jp/bus/tokusyu1.php

燕岳
つばくろだけ

|標高：2763m|
|長野県|

[レベル] ★★★

[コース] 中房温泉…合戦小屋…燕山荘…燕岳(往復)
[歩行時間] 7時間55分(2日間)
[登山適期] 7月上旬～10月上旬
[アクセス] JR大糸線穂高駅からタクシーまたは乗合バスで55分、中房温泉へ／マイカー＝長野自動車道安曇野ICから27km

真っ白い砂浜のような花崗岩の稜線が美しい燕岳。うっそうとした樹林を登っていき、稜線に飛び出すと現れる槍ヶ岳の姿には感動のひとことです。燕山荘から山頂までの間は白い岩が並び不思議な景観。7月にはコマクサの群落も見られます。燕山荘で快適な一夜を過ごしたら来た道を戻ります。下山後に中房温泉に立ち寄っていきましょう。

立山
たてやま

標高：3015m
富山県

レベル ★★

[コース] 室堂…一ノ越…雄山…大汝山…富士ノ折立…雷鳥平…室堂
[歩行時間] 5時間40分
[登山適期] 7月上旬〜10月上旬
[アクセス] 富山地方鉄道立山駅から立山黒部アルペンルートで1時間10分、室堂下車／マイカー＝長野自動車道安曇野ICから1時間で扇沢へ

富士山、白山と並ぶ日本三霊山のひとつで、山岳信仰の山として知られています。立山は雄山をはじめとするいくつかの山の総称。立山黒部アルペンルートの室堂が登山の起点となります。雄山の山頂には雄山神社の社殿があります。富士ノ折立を過ぎ、大走りを下って雷鳥平へ。雷鳥平には温泉付きの山小屋が3軒あります。

唐松岳
からまつだけ

標高：2696m
長野県・富山県

レベル ★★

[コース] 八方池山荘…八方池…唐松頂上山荘…唐松岳(往復)
[歩行時間] 6時間10分

ゴンドラとリフトで八方尾根を登り、登山道に取り付きます。散策路が整備された八方池から先は本格的な山道へ。切れ落ちた鎖場を過ぎると唐松岳頂上山荘があり、山頂までは20分ほどの道のりです。山荘に泊まってのご来光登山もおすすめ。

涸沢カール
からさわかーる

標高：約2300m
長野県

レベル ★★

[コース] 上高地…明神…徳沢…横尾…涸沢(往復)
[歩行時間] 11時間20分(2日間)

穂高連峰にぐるりと取り囲まれたお碗の底のような地形。夏は高山植物、秋は紅葉の名所でもあります。2軒の山小屋があり、どちらもすばらしい景観が楽しめます。涸沢から穂高岳は険しい岩場が連続するエキスパート向けのルートとなります。

木曽駒ヶ岳

きそこまがたけ

標高：2956m
長野県

`レベル` ★★

[コース] 千畳敷…中岳…駒ヶ岳(往復)
[歩行時間] 3時間50分
[登山適期] 7月上旬～10月上旬
[アクセス] JR飯田線駒ヶ根駅からバス45分、しらび平下車。駒ヶ岳ロープウェイ8分で千畳敷へ／マイカー＝中央自動車道駒ヶ根ICから3kmで菅の台へ。菅の台からバスでしらび平へ

中央アルプスの最高峰で、白い岩峰がくぼ地を取り囲む千畳敷カールが代表的な景観。夏は高山植物、秋は鮮やかな紅葉が彩ります。ロープウェイでアクセスできるうえ、登山道は比較的歩きやすく整備されています。山頂からは南・北アルプスなど日本の名峰が一望のもと。観光目的なら千畳敷周辺の散策だけでも十分楽しめます。

白馬岳
しろうまだけ

標高:2932m
長野県・富山県

レベル ★★

[コース]猿倉…白馬尻…葱平…白馬岳…小蓮華岳…白馬大池…白馬乗鞍岳…栂池
[歩行時間]11時間10分(2日間)

高山植物の宝庫として知られる山。夏でも溶けない大雪渓を登って山頂に向かいます。雪解け直後の登山道沿いには色とりどりの高山植物が咲き乱れています。山頂直下には2軒の山小屋があります。白馬岳からは絶景の稜線散歩で栂池へ。

鳳凰三山
ほうおうさんざん

標高:2840m(観音岳)
山梨県

レベル ★★

[コース]夜叉神峠…苺平…薬師岳…観音岳…地蔵岳…青木鉱泉
[歩行時間]13時間40分(3日間)

南アルプスでも人気の縦走ルート。地蔵岳の山頂直下の岩峰(オベリスク)は遠くからでもよく目立ちます。どこまでも続く白砂の稜線歩きが快適。道中の南御室小屋、鳳凰小屋に泊まる2泊3日にすると無理のない行程となります。

● 真夏に雪渓を歩く

日本アルプスの山々では、白馬岳のように、夏でも雪渓の残るルートがあります。沢沿いの登山道で標高の高いところに雪が残っているのです。雪渓の歩行に役立つのが軽アイゼンです。靴底に突起がつくことで滑りにくくなりますし、歩行も安定します。ストックも併用すればさらに安心です。

4本爪と6本爪が一般的ですが、白馬大雪渓のように斜度のきついところで積極的に使うなら、6本爪が歩きやすいでしょう。また、雪渓で滑りやすいのは登りより下りやトラバース(斜面を横切る)の場面です。面倒がらずに装着します。

足裏全体で雪面を踏み、全体に摩擦をきかせるように歩く。

軽アイゼンは迷わず装着できるよう、現地で使う前に装着方法の確認をしておくこと。

山小屋に泊まる！
～快適で思い出に残る山の一夜

登山者に快適な一夜を提供する山小屋。「眠る場所と食事を提供すること」が主な目的であり、通常の宿泊施設と異なる点がいくつかあります。自分も、同宿者も快適に過ごすためのポイントをお伝えします。

■基本は相部屋

多くの山小屋は男女一緒の相部屋方式。布団を並べて寝るスペースと、食堂、談話室などから成り立っています。隣に寝るのが知らない人…ということも多々ありますが、たいていは知らない異性と隣り合わないよう、部屋を男女別にするなどの配慮もしてもらえます。

個室が利用できる山小屋もあります。宿泊料金に個室利用料を支払うシステムです。ハイシーズンには個室利用ができない場合もあるので、事前に確認するとよいでしょう。

■風呂はないことが多い

多くの山小屋にはお風呂がありません。汗で不快に感じたら濡れタオルや汗ふきシートなどで拭くだけでもさっぱりします。また、お風呂がある場合も石けんやシャンプーなどは使えないところが大半です。

また、山小屋によっては水源がなく雨水を貯めて使っているところもあります。その場合、飲み水は有料で分けてもらうこともあります。事前に山小屋のサイトなどで確認をしておくとよいでしょう。

■滞在時のマナー

多くの人が同じ部屋で寝泊まりをすることになります。荷物は前夜のうちにパッキングを済ませておき、朝起きて寝床でガサガサ音を立てたりしないように気を配ります。また、大部屋は休息するためのもの。日中であっても、寝ている人もいる横で騒ぐのはルール違反です。おしゃべりは談話室などのパブリックスペースで。

槍ヶ岳を望む絶景ポイントに建つ燕山荘は登山者に人気の宿のひとつ。

寝室スペース。登山者が快適に休息、睡眠を取れるようにしつらえられている。

第3章

山歩きに適した装備を揃える

Lesson 1 快適な山歩きのための服装の基本

歩きやすい靴、動きやすい服が基本

　初めての山歩き、何を着たらよいだろう？ テレビの山歩きの番組などで見かけるタレントはずいぶんとファッショナブルなウェアを身に着けているけど、何を揃えたらいいのでしょうか。

　短時間の日帰りハイキングなら、「多少汚れてもかまわない、動きやすい服、歩きやすい靴」でよいのです。登山専門の服や道具を全部買い揃えないと山に行ってはいけない、なんてことはありません。動きやすく汚れていい服…、いつものコットンのTシャツにGパン、履き慣れたスニーカーでもなんとかなるでしょう。ただ、山歩きという行動に適した装備は、山歩きをより快適なものにしてくれます。

汗を吸ってよく乾くこと

　山歩きのウェアに求められる最重要項目は「吸汗速乾性」。すなわち、汗を吸って、よく乾くことです。山歩きは、ある程度の負荷をかけながら長時間行動するので、思った以上に汗をかきます。汗をかいて濡れた服の生地が体に貼り付いていると、どんどん体温を奪われていってしまいます。風が強いときは体感温度がさらに下がりますから、場合によっては真冬でなくても低体温症のリスクが発生してしまうのです。肌からの汗をすばやく吸収し、それが発散されて乾けば、肌の濡れを最小限に抑えることができます。

　コットンのTシャツは、汗をよく吸いますし着心地もよいのですが、乾きにくいのが難点です。一度汗などで濡れてしまったら、乾くのに時間がかかります。また、Gパンは素材がコットンなので乾きにくいことに加え、もともと質感のある生地なので濡れるとさらに重くなってしまいます。また、生地に伸縮性がないので（伸縮性のある製品もありますが）、思ったより足さばきが悪いです。もっとも、山歩きを普段しない人はコットン以外の速乾性のシャツなどは持っていないでしょう。その場合、私はコットンでもよいですが、着替

春 夏

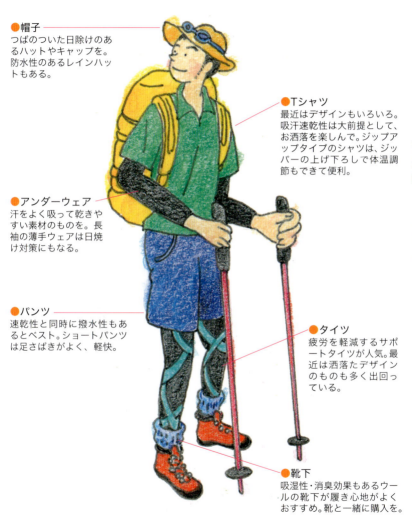

●帽子
つばのついた日除けのあるハットやキャップを。防水性のあるレインハットもある。

●Tシャツ
最近はデザインもいろいろ。吸汗速乾性は大前提として、お洒落を楽しんで。ジップアップタイプのシャツは、ジッパーの上げ下ろしで体温調節もできて便利。

●アンダーウェア
汗をよく吸って乾きやすい素材のものを。長袖の薄手ウェアは日焼け対策にもなる。

●パンツ
速乾性と同時に撥水性もあるとベスト。ショートパンツは足さばきがよく、軽快。

●タイツ
疲労を軽減するサポートタイツが人気。最近は洒落たデザインのものも多く出回っている。

●靴下
吸湿性・消臭効果もあるウールの靴下が履き心地がよくおすすめ。靴と一緒に購入を。

第3章 山歩きに適した装備を揃える

えのシャツを必ず持ってくるようにと伝えます。

秋冬は「保温」を意識

秋や冬の山歩きでは、吸汗速乾性とともに、保温も重視します。秋の低山は、晴れの日はそれなりに気温が上がり、歩いていると汗ばんでくるぐらいです。とはいえ夏のように気温が高いわけではないので、立ち止まっていると肌寒さを感じますし、風が吹けばかなり寒さを感じます。ジャケット類やウールのグローブで保温をしましょう。帽子は、頭と耳をすっぽり覆うことができるものがベストです。

レイヤリングが基本

山歩きのときは、汗をかきすぎないように体温を調節することが必要になります。いくら速乾性の服とはいえ、汗でびしょ濡れになってしまったら、なかなか乾かないからです。人の体は常に水分を発しています。汗をかく量をゼロにすることはできませんし、意思の力で体温や発汗量を調節することもできません。

そのため、衣服で体温を調節し、発汗量を抑えることが必要になります。山歩きでは厚手のものを1枚着るよ

り、薄手のものを重ね着して、脱ぎ着をすることで、こまめな体温調節を行います。

このような重ね着のシステムを「レイヤリング」といいます。一般的には、肌のすぐ上に着けるアンダーウェア(ベースレイヤー)、その上に着るシャツや保温着(ミッドレイヤー)、ジャケット(アウターシェル)から成り立っています。レイヤリングは体温調節と同時に、かいた汗をうまく衣服の外に放出させる目的も持っています。次の項から、それぞれの衣類の役割や選ぶポイントをお伝えしていきます。

山でこそファッショナブルに

最近はジャケットやシャツ、タイツなど登山専用のウェアもファッショナブルなものが増えました。女性用アイテムでは山スカートがすっかり市民権を得ていて、若い女性だけでなく中高年の愛用者も多いです。このようなウェアは機能も優れています。昔ながらのスタイルでもよいのですが、流行に乗って今どき風に決めてみてはいかがでしょう。スタイリッシュなウェアは気持ちを上向きにしてくれますし、山でのふるまいも格好よくなるような気がします。

● 帽子
保温性を重視してウールやフリースのキャップを。寒風にさらされないよう、耳まで隠れるものを。

● アンダーウェア
保温性に優れ、多少汗で濡れても冷たくならないウールのウェアが安心。

● アウター（ジャケット）
体の一番外側に着るもの。防風、防水機能が求められる。

● パンツ
保温性のある中厚手のロングパンツが快適。ストレッチ製のある脚上げのよいものが快適。

● 手袋
寒いとき、体は温まっても指先はなかなか温まらないもの。ウールやニットの手袋を。

第3章 山歩きに適した装備を揃える

Lesson 2 アンダーウェア
～肌に一番近いから重要

■ 吸汗速乾性を重視

　山のウェアの最重要アイテムといっても過言ではないアンダーウェア。肌に一番近いところに身につけるものだけに、常にドライに保たれていることが求められます。たとえ最高級のジャケットを身につけていても、中のシャツが汗で常に濡れていたら何の意味もありません。アンダーウェアに使われる素材は、おもにウールと化繊の2系統です。

■ 吸湿性に優れたウール

　ウールの最大の特徴は優れた調湿機能です。人の体は汗以外にも、肌から常に水蒸気を発散しています。ウールは体から発する水蒸気を吸い、素早く衣服の外に放出することで肌をドライに保っています。

　吸湿性には優れていますが、水をたっぷり吸ってしまうとやや乾きにくいです。ただ、多少濡れていても冷えにくいのも、ウールのメリットのひとつです。

　天然の消臭機能があり、汗臭さを抑えることもできます。保温性も高く、身につけたときの滑らかさ、柔らかな着心地が好ましいという人も。

■ 速乾性に優れた化繊

　化繊のアンダーウェアは、吸汗速乾性の高さが魅力です。素材に多く使われているポリエステルは、吸水性、速乾性に優れ、さらに摩耗に強いという利点があります。タフに使えて、洗濯も気にせずできます。さらに、生地に消臭機能やUVカット効果を持たせたものもあります。化繊のもうひとつのメリットは価格。ウールに比べると安価なものが多いのも特徴です。

■ ウールと化繊、選ぶのはどちら？

　それでは、ウールと化繊はどちらが優れているのでしょうか、というのが気になります。

　答えは季節や山行スタイルによって、そして使う人の体質によっても異なります。秋冬でもたっぷり汗をかいてしまうような汗かきの人は、汗処理を最優先に速乾性の高い化繊

のウェアを選ぶとよいでしょうし、保温性を重視したいならウールがよいでしょう。春・夏は化繊、秋・冬はウール、という使い分けでも。それぞれの長所・短所を知ったうえで自分にベストなものを選びます。

最近では、ウールの吸湿性や保温性、化繊の速乾性や耐久性、それぞれの良さを生かしたハイブリッド素材のウェアも注目されています。また、汗をかく部位には速乾性の高い化繊、保温をしたい部位にはウールという使い分けをしたウェアも。アンダーウェアは著しく進化が進んでいるのです。

ウール

スマートウール
メンズNTSマイクロ150コンボティー

薄手のウールTシャツ。ラグラン袖で、縫い目が肌に干渉しにくい。
8,800円(税別)、㈱ロストアロー

化　繊

パタゴニア
メンズ・キャプリーン
ライトウェイトクルー

速乾性、吸湿性に優れたポリエステル製の長袖シャツ。しなやかな着心地。
6,000円(税別)、㈱パタゴニア日本支社

アンダーウェアの新勢力「ドライ系アンダーウェア」

「ドライレイヤー」という言葉を聞いたことがありますか? ウールや化繊のアンダーウェアの下に着る、薄手のアンダーウェアです。生地に撥水加工がされていたり、水を含まない素材を使うことで肌をドライに保つ、というコンセプトのウェアで、近年の登山用ウェアで注目されているアイテムです。

ファイントラックの「スキンメッシュ」シリーズを例にとって、ドライ系アンダーウェアの機能を説明してみましょう。

撥水加工を施した薄手のメッシュ生地は、汗をかくとメッシュ部分を通して汗が上の層のアンダーウェアに染み込みます。そして撥水加工が施された生地は、濡れたアンダーウェアが再び肌を濡らすことを防ぎます。その結果、濡れたウェアが肌にぺったり貼り付くことによる不快感や汗冷えを軽減することができるのです。Tシャツ(半袖・長袖)以外にタイツや下着(パンツ、ブラ)などの展開もあります。

ドライ系アンダーウェアは、吸水性の高い化繊のアンダーウェアとの重ね着でより効果を発揮します。

ファイントラック
スキンメッシュT

強力な耐久撥水加工が施された生地で濡れ戻りを防ぎ、肌をドライに保つ。
4,200円(税別)、㈲ファイントラック

靴下は厚手を1枚

人の足は靴の中で非常に大量の汗をかいています。足が汗で濡れると不快なだけでなく、まめを作る原因にもなります。吸湿性にすぐれ、消臭効果も高いウールの靴下は、登山では定番のアイテムです。

かつては薄手の靴下を2枚重ね履きする人が多かったのですが、今はちょうどいい厚みの靴下を1枚で履くのが一般的です。

靴下は靴とセットで考えます。この靴を履くのにちょうどよい厚みでフィットするのはこの靴下、と決めていきます。靴下は消耗品なので、かかとや爪先が薄くなってきたり、ごわつきが気になってきたら買い替え、次もまた同じ商品にします。

登山用の下着は必要か?

ハイキングの講座で受講生から「登山用のパンツやブラを買った方がよいでしょうか?」と質問を受けます。登山用の下着は、速乾性の高い化繊の素材であったり、消臭効果が優れていたりします。コットンの下着は汗をかいて濡れると乾かないので、登山用の下着が快適です。とくに汗をたっぷりかく夏や、数日間の縦走登山などでは快適さが違います。

第3章 山歩きに適した装備を揃える

ファイントラック
メリノスピンソックス アルパインレギュラー

吸湿性の高いメリノウールと、吸汗性に優れたポリエステルのハイブリッド素材の靴下。
2,300円(税別)、ファイントラック

スマートウール
ハイクミディアムクルー

無雪期の日帰りハイキングから縦走登山に適した中厚手のウールの登山用靴下。
2,100円(税別)、ロストアロー

Lesson 3 アウターシェル
～デザインと機能で選ぶ

アウターシェルは百花繚乱

　私が登山を始めたばかりの頃、夏山のアウターシェル（ジャケット）は雨具で兼用という人が多かったように思います。防水機能があり、防風性もある雨具は、オールマイティなジャケットとして認識されていました。今はさまざまなアウターシェルがあり、用途によって使い分けるとさらに快適です。

軽く高性能なウィンドシェル

　薄くて軽い防風ジャケットで、収納すると握りこぶし大ぐらいになります。風はしっかり防ぎますが、薄手なので衣服の中に熱がこもることもあまりないですし、使わないときはザックにしまっても場所を取りません。多くのウィンドシェルは生地に撥水加工が施されているので、多少の雨なら弾きます（完全防水ではありません）。

　夏の早朝や晩秋、ちょっと肌寒いときや、雨が少しパラついてるぐらいのときは厚手の雨具より快適です。

透湿性が高いソフトシェル

　防風、撥水機能を適度に備えた、柔らかい素材のジャケット。最近人気が高まっています。透湿性が高く、歩いていて体温が上がってきたときも、体からの蒸気を外に出し、中の衣服が濡れることがありません。始めは寒いけど、歩くと汗をかくような晩秋～春先の日帰りハイキングや、天気のよい雪山登山でも重宝します。

　柔らかい素材で伸縮性も高いので、激しく体を動かすような場面でストレスがないのも特徴です。

コンパクトな中間保温着

　夏の高い山や、冬の日だまりハイキングの休憩時にさっと羽織れる、薄手の中わた入りジャケットは1着あると便利なアイテムです。ダウンと化繊綿があり、ダウンは保温性、化繊綿は濡れの強さが特徴です。

　また、少しかさばりますが通気性が高く保温性にも優れ、メンテナンスがしやすいフリースのジャケットも使い勝手がよいです。

ウインドシェル

パタゴニア
メンズ フーディニジャケット

薄く軽量で、耐久性の高いナイロン生地を使用。胸ポケットに本体を収納可能。
12,500円(税別)、㈲パタゴニア日本支社

ソフトシェル

ファイントラック
ニュウモラップフーディ

耐水性、防風性とともに高い透湿性を持つジャケット。ストレッチ性の高い生地で動きもなめらか。
23,800円(税別)、㈲ファイントラック

中間保温着

モンベル
プラズマ1000ダウンジャケット

1000フィルパワーのダウンを使用し、軽く保温性にも優れたダウンジャケット。
25,400円(税別)、㈲モンベル・カスタマー・サービス

第3章 山歩きに適した装備を揃える

Lesson 4 ボトムス
〜快適歩行のポイント

ロングパンツは足上げ重視

　歩くときに最も激しく動かすのは足。何を身につけるかで歩行時の快適度は大きく変わります。最も差が出るのはロングパンツです。人間の体の動きを考慮した立体裁断を採用しているもの、ストレッチ製の高い生地を使っているものなどさまざまですが、試着をするときは足を高く上げてもつっぱり感がないかなどを確認しましょう。

　また、撥水加工が施されていることもポイントです。ちょっとした雨や、早朝の山歩きで夜露に濡れた草の中を歩いたりするような場合、裾が濡れてしまうことを防ぎます。

足さばきが
快適なショートパンツ

　若い人の特権と思われがちなショートパンツ＋タイツの組合せですが、実は非常に快適です。裾のもたつきがない分、足さばきが軽快になります。裾が泥で汚れることもありません。サポートタイツと組み合わせれば、足周りの筋肉の動きをサポートして疲労の軽減にも一役買います。春夏用にはやや薄手、秋冬用には中厚手の生地など使い分けてもよいでしょう。

サポートタイツは
足にあったものを

　サポートタイツには、筋肉や関節の動きをサポートするタイプと、加圧して血流を促進したり運動効率を上げるタイプの2系統があります。いずれにしても疲労を軽減するのに役立つアイテムです。効果を得るのに重要なのはサイズ選び。きつすぎれば不快ですし、ゆるいと効果が得られません。必ず試着して、お店の人のアドバイスを受けながらの購入をお勧めします。

　タイツを履くときは膝の部分を正しく合わせるようにします。正しく装着することで初めて効果が得られるのです。そしてサポートタイツの効力は永遠ではありません。素材の性質上、徐々に劣化します。水分や紫外線にも弱いので、生地が薄い、伸びてきたと感じたら買い替えを検討しましょう。

> ロングパンツ

ザ・ノース・フェイス
バーブパンツ

高いストレッチ性で脚上げが快適なトレッキングパンツ。適度な厚みでオールシーズン着用できる。
14,000円(税別)、㈱ゴールドウイン

> ショートパンツ

モンベル
サウスリムショーツ Men's

速乾性、耐久性に優れた素材を使ったショートパンツ。尻部分の生地を二重にすることで耐久性も確保。
6,096円(税別)、㈱モンベル・カスタマー・サービス

> サポートタイツ

C3fit
パフォーマンスロングタイツ

弾性ストッキングの血行促進効果を持つロングタイツ。日本人の体へのフィット感を追求した設計。
9,500円(税別)、㈱ゴールドウイン

Lesson 5 山のアクセサリーいろいろ
〜小物使いで差をつける

季節で機能を使い分ける帽子

帽子の役割は、日除け防止と保温の2つ。夏の暑い時期は頭を直射日光から守り、熱中症のリスクを減らし、顔や首周りの日焼けを防ぎます。そのため、ツバ付きのハットやキャップをかぶります。防水加工を施したレインハットなどもあります。

一方秋〜冬はニットやフリースのキャップで保温を意識。頭は非常に発熱しているので、保温することで体温の低下を抑えることができます。歩いていてとても暑いと感じたら、帽子を脱ぐことで体温を下げることができます。寒風にさらされる部分を少なくするため、耳まで隠れるものを選びます。

手指の保護に手袋を

岩や立木を掴んだり、土の斜面に手をついたり。手は傷がつくリスクが高い部位です。また、雨に濡れると不快なだけでなく、ふやけて傷がつきやすくなります。登山用の手袋(ハイキンググローブ)は手指の保護に有効です。防水・撥水機能を備えたレイングローブや手のひらに革素材を使ってグリップをよくしたグローブなど、種類もさまざまです。

薄手のニットグローブは、1年を通じて使えるアイテム。夏の高い山で朝晩、寒さを感じるときにも、冬の日だまりハイキングにも使えます。

日除け・保温グッズあれこれ

脱ぎ着がしやすく、体温調節にも日除けにも役立つアイテムとして、アームカバーやネックゲイター(バフ)が挙げられます。

アームカバーは速乾性の高いもの、保温に優れたウールなどさまざまです。UVカット効果のある製品を選べば、日焼け対策も万全です。ネックゲイターは首に巻くだけでなくバンダナ風に頭に巻いたり、汗を拭いたりと、薄手のものが汎用性が高くて便利です。

足元の汚れや濡れの防止には、ゲイター(スパッツ)が有効です。足の蒸れを放出する、防水透湿性素材を使ったものを選びましょう。

帽　子

モンベル
ウールイヤーウォームキャップ

耳まですっぽり覆えるウールのキャップ。生地をフェルト化させて防風性を高めている。
2,600円(税別)、㈲モンベル・カスタマー・サービス

ザ・ノース・フェイス
ホライズンハット

撥水性の生地を使ったハット。頭周りのベンチレーションで通気性が確保されている。
4,400円(税別)、㈲ゴールドウイン

手　袋

スマートウール
NTSマイクロ150グローブ

保温性、操作性に優れた薄手のウールグローブ。タッチパネルに対応している。
3,300円(税別)、㈲ロストアロー

ゲイター(スパッツ)

ザ・ノース・フェイス
ハイベントロングゲイター

防水透湿性素材を使ったゲイター(スパッツ)。雨や泥を避け、足からの水蒸気を放出して裾を快適に保つ。
6,800円(税別)、㈲ゴールドウイン

第3章　山歩きに適した装備を揃える

Lesson 6 登山道具の基本
~少しずつ揃えていく楽しみも

登山専用の道具が快適

　山歩きは専用の登山道具がなくても、あるもので始められます。しかし、登山専用の道具は、登山という行動に適した形や機能を持っていて、使うとやはり快適です。

　ザックを例に考えてみると、街歩き用のデイパックと登山用のザックでは、使う場面が異なります。登山用はある程度重いものを詰めて、長時間背負って歩くことを想定しています。そのためずっと背負っていても疲れない背負い心地を重視しています。また、岩や薮などに擦れることを想定し、生地に強度を持たせています。

　もちろん街歩き用のデイパックでも山歩きはできます。しかし山で使って快適なのは登山用でしょう。

はじめから全部揃えなくてよい

　登山専用の道具はそれなりに高額です。新たに山歩きを始めようと思って道具を買い揃えていったら、かなりの出費になってしまうでしょう。はじめから全部揃える必要はありません。山を続けながら、必要なものを買い揃えていけばよいのです。そうやって少しずつ登山道具を増やしていくのも、山歩きの楽しみだと思います。

　「まず買うなら何からでしょうか？」と質問を受けたとき、最優先は「靴」であると私は答えます。文字どおり歩行の核となるアイテムだからです。そして、登山を続けていくなら必ず揃えてほしいものが雨具とザック。どんな山行にも必ず持っていく重要アイテムです。

何を持っていくか

　山歩きでは、荷物を全部自分で背負って歩きます。荷物が多く重すぎればバテますし、何かが足りないと思っても、街のコンビニでさっと買い足すようなことができません。必要なものを過不足なく持っていくことが重要です。

　山歩きに必要な持ち物を、私が普段日帰りハイキングに持っていくものを例に挙げてみました。

第3章 山歩きに適した装備を揃える

私がふだん日帰りハイキングに持って行く荷物。
これだけのものがザックに入ります。

①雨具…ジャケットとパンツが別になったもの
②ザック…日帰りの場合、25ℓ程度の容量
③行動食…おやつやお昼ごはん
④手ぬぐい…汗を拭いたり日除けにしたり
⑤ツェルト…緊急用の簡易テント
⑥トレッキングポール
⑦折り畳み傘…平坦な道で雨が降っているときには、雨具を着るより快適です
⑧飲み物…冬は熱いもの、夏は冷たいものを魔法瓶に入れて持っていきます。ペットボトルの飲み物でもOK
⑨レジ袋…ゴミ袋にしたり、濡れたものを入れたりします
⑩ザックカバー…雨の日にザックの上からかぶせて濡れを防ぎます
⑪熊避けの鈴…1人で歩くときは持参。人が多いときは音が出ないようにしておきます
⑫カメラ…防水機能のあるものがベター
⑬日焼け止め、虫よけスプレー
⑭地図とコンパス
⑮ヘッドライト…日帰り登山でも必ず持参。予備の電池も
⑯救急用具…常備薬やばんそうこうなど。分かりやすい色の袋にまとめています
⑰時計…高度計付きの腕時計を愛用しています

● **山でちょっと豊かな時間を**

　山頂や眺めのよい場所でお湯を沸かしてランチを楽しんでいる人を山では多く見かけます。私の友人には、山でコーヒーをその場で豆から挽いて、ドリップして飲む人がいました。ふんわりと漂うコーヒーの匂いで、いつもの山に特別な時間が流れているような気持ちになったものです。

　携帯しやすい小型のガスコンロとガスカートリッジ、クッカー(鍋)があるとお湯を沸かして贅沢な時間が楽しめます。コーヒーでもインスタントのスープでも、そしていつものカップラーメンさえも、ひときわおいしく感じられるでしょう。

山歩きの持ちものチェックリスト

山でのうっかり忘れ物をなくすには、チェックリストを作ってパッキングする癖をつけましょう。空欄にはあなたの必要アイテムを自由に書き込んで。

持ち物	チェック	持ち物	チェック
ザック		日焼け止め	
雨具(上下)		虫よけ・虫さされ薬	
防寒具(ダウン、フリースなど)		ティッシュペーパー	
帽子		健康保険証	
手袋		携帯電話	
手ぬぐい、タオル		時計	
行動食(おやつ、お昼ごはん)		熊よけの鈴	
飲み物(水筒/ペットボトル)		登山計画書(提出用)	
地図		財布	
コンパス		カメラ	
ヘッドライト(予備電池も)		下山後温泉セット	
トレッキングポール		予備の着替え(シャツ、靴下など)	
ザックカバー			
レジ袋			
救急用具			
エマージェンシーグッズ			

第3章 山歩きに適した装備を揃える

Lesson 7 登山靴を選ぶ
～山歩きの最重要アイテム

街歩き用の靴とは靴底が違う

まず初めに揃えたい登山用具が登山靴。通常の街歩き用のスニーカーでも山歩きができないことはありませんが、登山道での歩きやすさが格段に違います。

登山靴は「登山道を歩く」ために作られたもの。登山道はデコボコで、岩や木の根が露出しているところもある道です。石がゴロゴロしていたり、ザラザラの砂地の斜面、濡れて滑りやすい状態になっていることもあります。そのような場所でも、地面をしっかりとらえて滑りにくいのが登山靴です。

さらに、地面に足を置いたときの衝撃を吸収するクッション材が取り入れられていて、長時間歩き続けても疲れにくい構造になっています。

靴にも防水透湿性が必要

日常生活で実感する機会はあまりないかもしれませんが、足も汗をかきます。そのため、ウェアと同様に靴も、汗や蒸気を放出させることが必要になります。放出されずに結露すると靴下を濡らす原因になってしまいます。登山靴の多くは、防水透湿性素材を使っていて、外からの雨の浸入を防ぎ、内側の汗や蒸気は放出するシステムになっています。

ハイカットとローカット

足首までのハイカット、くるぶしぐらいまでのローカットの靴があります。ハイカットの登山靴は高いサポート力が特徴。不整地面を歩くときに足首を固定させ、足全体をしっかり包み込みます。そのため、長時間の歩行でも疲れにくいメリットがあります。

ローカットの登山靴は軽さが特徴。足元が軽いのは快適さにつながります。短時間の日帰りハイキングには使いやすいでしょう。

私は行程の長さでハイカットとローカットを使い分けています。さっくりと高尾山を歩くときはローカット、雲取山や塔ノ岳など長時間しっかり歩くときはハイカットを選んでいます。

ハイカットシューズ

AKU
コネロGTX

軽く柔らかいナイロンのアッパーと安定感のある硬めのソールで日帰りハイキングから縦走登山まで幅広く対応。35,800円(税別)、㈱ICI石井スポーツ登山本店

● **靴ひも**
無理な力を入れなくてもスムーズに締まるように、シューレース部分の形状は各商品で工夫がされている。

● **ソール**
グリップ力に優れた素材を使用。凹凸のパターンも安定性を高めている。

● **アッパー**
日帰り登山では手入れが簡単で軽量なナイロン素材の靴が使いやすい。レザーを使った靴も味わいがある。

ローカットシューズ

AKU
ヌーボラGTX

スタイリッシュなデザインながら、グリップ力にすぐれたソール、軽快な履き心地を実現。21,800円(税別)、㈱ICI石井スポーツ登山本店

第3章 山歩きに適した装備を揃える

専門店で試し履きを

できるだけ足に合ったものを選びたい、失敗したくない。そのためにも、買う前の試し履きは重要です。同じサイズの靴でも、靴によって足の幅や爪先の形状、甲の高さは異なります。そのため、自分の足型に合った靴を選ぶことが重要です。

登山靴は登山用品店で、お店の人のアドバイスを受けながら買うのがベストです。専門店なら品物の種類が豊富なので、さまざまな靴から自分の足型に合ったものが選べるでしょう。足のサイズを計測してもらい、自分の希望を伝えると、条件に合っていると思われる商品を2～3点出してもらえるので実際に履いてみます。

そして履いた状態で店内を歩き回ってみましょう。多くの登山用品店には疑似登山道のような台があるので、上り下りもしてみます。このとき、靴の中で当たるところはないか、浮いているところはないか、傾斜のある台を歩いても足が靴の中でズレないかなどを確認します。出してもらった靴を履き比べると、靴によってかなり違いがあるのが分かると思います。そのうえで、自分に合っていると思った1足を購入します。

以前、登山用品店の靴担当の方に伺ったのですが、1軒のお店で一度に試着をするのは3足までがよいそうです。3足を越えると「あれ、最初に履いた靴はどうだった？ これとどちらがよかった？」と、違いが分からなくなってきてしまうのだそうです。

登山靴の履き方

爪先を立て、靴と足のかかと部分がぴったり合うように2～3回トントンとかかとを落とす。

下から順に丁寧に靴ひもを締めていく。締め過ぎ、緩み過ぎがないように。

蝶結びにして完成。靴が足にフィットして、当たっているところなどがないことを確認。

登山用品店で靴を選ぶ

● 足のサイズを計る
自分が思っている足のサイズと実際のサイズは違うことが多いので、この機会に計測してもらおう。左右でサイズが違う人も多い。

第3章　山歩きに適した装備を揃える

● 試し履きする
実際に履いて店内を歩いてみる。多くの店では登山道の疑似体験ができるような小さな坂を作っている。ここで爪先で立ち込んだり不整地面を下ったり…という動作の確認ができる。

● 撮影協力

ICI石井スポーツ登山本店
登山用ウェアから登山道具、クライミングギアまで幅広く揃う大型登山用品店。
東京メトロ神保町駅から徒歩5分／☎03-3295-0622

Lesson 8 レインウェア
～雨の日の歩きを快適にする

歩きやすさを考慮

　山で雨に降られることは少なからずあります。道中で雨に降られても、自分で歩いて下山しなくてはなりません。ウェアが濡れれば冷えの原因になりますから、雨具を身につけて歩きます。登山用の雨具は、ワンピースタイプやポンチョではなく、ジャケットとパンツが分かれているものを選びます。いうまでもなく、分かれているほうが全身を雨具で覆うことができますし、快適に歩けるからです。

防水透湿性が最重要

　登山用の雨具で重要な機能は「防水透湿性」です。外からの雨を通さない防水性は分かるでしょう。透湿性というのは、衣服内の蒸気を外に出す性質です。雨具を身につけた状態で歩くと、体温が上昇して汗をかき、体から蒸気を発散します。これらが雨具の中にたまると結露して衣服を濡らす原因になります。透湿性のある素材なら、蒸気を外に放出するので中での蒸れが抑えられます。防水透湿性素材として一般的なのはゴアテックスですが、それ以外にもメーカーで開発した独自の防水透湿性素材を採用した雨具があります。

　雨具の防水透湿性を生かすためには、中に着るウェアは吸汗速乾性に優れたものであることが必要です。中のウェアが汗を吸って蒸気として放出し、その蒸気が雨具から放出される、というシステムです。中のウェアが乾かない（＝蒸気として放出されない）なら、せっかくの雨具の透湿性も意味を持たないのです。

晴れ予報でも必ず持っていく

　雨具はどんな天気のときでも必ずザックの中に入れていきます。山の天気は変わりやすいです。雨に降られて遮るものがなく衣服が濡れていくのは、本当に不愉快ですし、場合によっては衣服が濡れて冷えることによって低体温症のリスクも引き起こします。風が強いときや肌寒いときはジャケット代わりにも使えます。

モンベル
トレントフライヤージャケット Men's

防水透湿性素材ゴアテックスを使用した、軽量コンパクトな防水ジャケット。脇の下にベンチレーションを装備し衣服内の蒸れも解消。
21,000円（税別）、モンベル・カスタマー・サービス

● ポケット
ポケットの大きさや、ザックのベルトに干渉せずに開け閉めができるかなどをチェック。

● ジッパー
中に水が入らない止水ジッパーを採用しているものも。開け閉めがしやすいかは商品によって異なるのでチェックを。

● フード
視界が遮られない、強風で簡単にズレないよう、フードの形状と頭の相性はかなり重要。多くは首元と後頭部で被り具合の調節ができるが、調節のしやすさも確認したい。

第3章 山歩きに適した装備を揃える

モンベル
トレントフライヤーパンツ Men's

防水透湿性素材ゴアテックスを採用した、軽量でコンパクト性に優れたレインパンツ。
14,500円（税別）、モンベル・カスタマー・サービス

● 裾
靴を履いた状態でも脱ぎ着ができるよう、膝または腿ぐらいまで脇がジッパーで開くものが多い。

Lesson 9 背負い心地のよいザック
～自分に合ったものを見つける

長く歩くための機能

　82ページでも述べましたが、登山用のザックは荷物を入れた状態で長時間背負うことを考慮した構造になっています。ザックが背中で揺れずに固定されるようにバランスが考えられ、さらに肩に掛けるショルダーベルトが体に食い込まないように厚みを持たせたり位置が工夫されています。大量の荷物を背負うための容量の大きいザックほど、これらがよく考慮されています。また、ザックの生地は岩や薮でこすれても簡単に破れないよう、引き裂き強度の強い生地を使っています。

熱を逃がす背面システム

　ザックを背負って歩くと、背中がザックに覆われた状態になって熱がこもり、汗をかきます。そのため、多くのザックは背中の熱を外に逃がす構造を取り入れています。例えば背面全体をメッシュ生地にしたり、通気性がよくなるように溝を作ったり。工夫の仕方は各社によりさまざまで、同じ目的を果たすのにこんなに違った方法があるのかと驚くほどです。ただ、システムによって善し悪しはそれほどないので、実際に背負ってみて背負い心地がよいと感じるものを選べばよいでしょう。

容量の目安と試着

　ザックの大きさの目安ですが、日帰りハイキングなら25～30ℓ前後、山小屋に1～2泊程度なら30～40ℓ程度がよいでしょう。持っていく荷物が過不足なく入ることが必要です。「それなら40ℓのザックを1つ買えば日帰りも小屋泊まりもOKですか？」と聞かれそうですが、必要以上に容量の大きいザックはあまりおすすめできません。ザック自体が重くなることが多いですし、すき間があると思うと余計なものを持っていきたくなるからです。適したサイズのものを使い分けるのも、登山を快適にするコツだと個人的には思います。

　靴と同様にザックも試着をしましょう。背中の長さと合っているか、

オスプレー
ケストレル28

日帰り登山に適したザック。正面とサイドにストレッチポケットが付けられている。15,000円（税別）、㈱ロストアロー

● **雨ぶた**
すぐに取り出したいものを入れるのに便利。ザック本体から取り外しができるものも。

● **ピッケル／ストックホルダー**
30ℓ以上のザックにはピッケルやストックを外付けするためのホルダーがついていることが多い。使い方は事前に説明書で確認を。

● **ショルダーベルト**
肩や体に食い込まないように厚みをもたせている。女性用モデルはバストに干渉しないよう考慮された形状のものも。

● **ウエストベルト**
腰に荷重をしっかりかけるための重要アイテム。幅や厚みがあり、腰を包み込むようなものが快適。

第3章　山歩きに適した装備を揃える

フィットしているか、ショルダーベルトが肩幅に合っているか(ずり落ちない、食い込んで痛くない)などを確認します。大きな容量のザックほど、試着は重要です。

正しく詰めて、正しく背負う

よいザックを手に入れたら、ザックの機能をきちんと生かせるように使いましょう。

まずはパッキングから。なるべく体に近いところに重いものがくるようにすると、ザックが安定します。詰めるときはどの位置に何を詰めるか、定番化しておくとよいです。パッキングも手早くできますし、中からものを取り出すときも迷わずに済みます。

全部荷物を詰め終えたら、サイドやフロントのストラップをきっちり締めてから背負います。ゆるみがあると、道中で薮などに引っかける危険があります。背負うときもひとつずつベルトを締めながら、体にフィットさせていきます。

やたらと外付けをしない

ザックはなるべくシンプルに使い、ザックの外にものを付けないようにします。外に付けていると、薮に引っかけたり、ちょっとした衝撃で落ちる可能性があります。たとえストラップで留めていたとしてもです。

サイドポケットに水の入ったペットボトルを差している人は非常に多いですが、落としたら飲み水がなくなってしまいます。ときどき水が大量に残ったペットボトルが登山道に落ちていることがあります。水筒はザックの中へ。どうしても歩きながら飲みたい人はハイドレーションシステム(p.117)や、ショルダーベルトに付けられるドリンクホルダーなどを使うとよいでしょう。

ザックのパッキング

原則は「軽いものは下に、重いものは上かつ体に近いところに」。また、よく使うものやすぐに取り出したいものは上に。替えのシャツや防寒具などはザックの下、水筒は上、体に近いところへ。行動食やヘッドライトなどは雨ぶたやザックの上部に。

体にフィットする背負い方

❶ウエストベルトを腰骨を覆う位置に合わせ、しっかりと締め込む。

❷体にザックが沿うように、ショルダーベルトのストラップを引いて調節。

❸チェストベルトはバストトップから5cm上の位置に合わせ、きつすぎない程度に引く。

❹スタビライザーがあれば調節。このとき引きすぎると肩に荷重がかかってしまう。スタビライザーとショルダーベルトとザックの空間が三角形になるぐらいが目安。

❺完成。背面やベルトに当たって不愉快なところはないか念のため確認。

Lesson 10 トレッキングポール
～正しく使えば歩行が快適

■膝の負担を軽減

　使うことでバランスを安定させ、膝の負担の軽減にも役立つトレッキングポール。とくに膝や腰に持病のある人や、中高年登山者には、山を長く続けるための手段として活用してほしいアイテムです。

　トレッキングポールは近年進化が著しいアイテムです。ひと昔前に比べると軽量化が進み、機能も向上しています。選ぶときのポイントは第一に軽さ。手に持ったときに軽ければ負担が減りますし、ザックに収納しても余計な重さを感じずに済みます。また、下りだけでなく、山行中はずっと使いたい人なら、グリップの握りやすさにもこだわりたいところです。

■非力でも確実操作の レバーロック式

　トレッキングポールは収納の方法によって伸縮式と折り畳み式に分類でき、さらに伸縮式はスクリューロック式とレバーロック式に分類できます。

　スクリューロック式は本体を伸ばして、接続部分をねじのように回して固定します。収納時にコンパクトになる一方、非力な人は回しきれないこともあります。レバーロック式は固定する部分がレバーになります。レバーの形状やロックする方法は商品によってさまざまですが、確実にロックができ、ロックの強さが調節できるものもあります。スクリューロック式に比べると、レバーのパーツの分がかさばります。

■近年注目の折り畳み式

　ここ数年で進化が著しく、商品が増えているのが折り畳み式です。大きなメリットはコンパクトに収納できて軽いこと。伸縮式に比べると収納時の長さが短く、セッティングがしやすいのが特徴です。デメリットは長さ調節ができないこと。全くできないものと、多少できるものがあります。購入の際には自分の身長に合った長さのものを選びます。

代表的なトレッキングポールのシステム

● スクリューロック式　　● レバーロック式　　● 折り畳み式

LEKI
カーボンライト
1本207gのカーボンシャフトの軽量ポール。カーボンの振動吸収効果で膝や手首への負担を軽減。
27,000円（ペア）（税別）、
㈲キャラバン

ブラックダイヤモンド
トレイル
小型で操作性のよいロックシステムを採用したポール。パウダーバスケット付属。
11,000円（ペア）（税別）、
㈲ロストアロー

ブラックダイヤモンド
ディスタンスFLZ
15〜20cmの長さ調節が可能な折り畳み式モデル。コンパクトに収納できる。
16,000円（ペア）（税別）、
㈲ロストアロー

第3章　山歩きに適した装備を揃える

まっすぐ持って肘が直角

使うときはまずトレッキングポールの長さを調節します。地面に垂直にポールを立ててグリップを握り、肘が直角に曲がるぐらいが平均的な長さとなります。下りではそれよりやや長め、登りではやや短めに調節します。登りの際、もっと短く持ちたいときは、グリップの下側を持ったり、長い補助グリップの下のほうを持ったりして調節します。

よいトレッキングポールを持っていても、正しく使わなければ負担の軽減にはなりません。使っているが膝の負担が減らない…という人は、登山の講習会などで使い方のチェックをしてもらうのもよいでしょう。

使い方のマナー

トレッキングポールの使用にあたって、いくつか気をつけてほしいことを挙げます。

①ゴムキャップを付ける

ストックの先（石突き）で地面を掘り返したり、木道を傷つけたりしないためにも、先端にゴムキャップを付けるようにしましょう。最近のポールには標準で付いていることが多いですが、別売りもあります。

②岩場ではしまう

手足を使って登るような岩場では、両手が使えたほうが安心です。ポールはいったんしまいます。ザックにストックホルダーがあるなら、一時的に取り付けてもいいでしょう。ストラップで手首に下げた状態で登るのはバランスを崩す危険もあるので、やめましょう。

③ザックにしまうとき

電車の移動時などポールを使っていないときは、できればザックの中に収納したいところですが、多くのポールはザックの長さよりも収納サイズが長いので、外付けすることになります。その場合はグリップが上にくるように外付けし、カバーなどをつけるようにします。混んでいる電車でむき出しのストックは、ときに凶器になります。

小さい容量のザックの場合、ポールが大きくはみ出してしまいますが、周りの人には迷惑なうえ、バランスを崩したら落としかねません。使わないときはザックに差さず、別の収納袋に入れて持ち歩くようにするのがベストです。そしていうまでもないことですが、電車やバスで移動するとき、ザックは肩から下ろして前に抱えるか足元に置きます。

トレッキングポールの使い方

●登り
ポールは短めにセットして体を引き上げる推進力を得るようにする。

●下り
ポールは長めにセット。段差のある下りでは、先にポールを突いて体を安定させ、足をゆっくり下に下ろす。

●水平移動
通常の長さにセットし、歩くスキーのように推進力を得るように進む。

 ● ポールのメンテナンス

石突きなどについた泥汚れを落として保管します。スクリューロック式やレバーロック式など、伸縮式のポールは、収納した状態で保管すると、中に残った水分がサビの原因になります。忘れがちですが、必ずパーツを分解した状態で保管します。

Lesson 11 レスキューキット
〜いざというときに使いこなす

緊急時に備える

　山歩きの途中で転んでけがをしたり、下山が遅れてやむを得ず一晩を山の中で過ごすはめになったり…。山の「もしも」に備える装備は、短時間の日帰りハイキングであっても持ち歩くようにしたいものです。

　ここでは、応急手当に使う救急用具と、遭難時に使うエマージェンシーグッズ（非常用装備）について説明します。

けがの手当に救急用具

　山でのけがは、転倒して擦り傷／切り傷を作る（出血する）、捻挫や骨折などがおもな様態でしょう。傷を負った場合は傷口を洗い、止血をします。350mℓ程度のペットボトルに真水を入れて常備しておくとよいでしょう。プラスチック手袋は傷の手当をするときに、相手や自分を感染症から守るもの。ない場合はビニール袋などで代用できます。

　テーピングテープは捻挫した部位の固定だけでなく、骨折時の添え木の固定やガーゼの固定など幅広く使えます。35mm幅を１巻持ち歩くようにするとよいでしょう。その他、鎮痛剤や胃腸薬、虫さされの薬などの常備薬を各自で持つようにします。

　これらの救急用具はすぐに分かるようにひとまとめにして、目立つ色の袋に入れておきましょう。

遭難時やビバークに使うエマージェンシーグッズ

　ヘッドライト、ツェルト、居場所を他者に知らせるためのホイッスル、ライター、一時的に空腹をしのぐための非常食などがあります。また、救助要請をしたときに的確に報告できるように、状況を記録するための筆記用具があるとよいです。

　ちょっとしたけがなどで救急用具の使用頻度は比較的高いのですが、エマージェンシーグッズを本当に使わなくてはならない事態に陥ることは滅多にないでしょう。それでも、遭難の可能性はゼロではありません。必ず持ち歩くことは山のリスクを考えるきっかけにもなります。

●救急用具
①プラスチック手袋
②ばんそうこう
③はさみ
④弾性包帯
⑤テーピング
⑥三角巾
⑦常備薬
⑧滅菌ガーゼ
⑨真水

第3章 山歩きに適した装備を揃える

●エマージェンシーグッズ
①ツェルト（簡易テント）
②ホイッスル
③ライター
④非常食
⑤ヘッドライトと予備の電池
⑥筆記用具

Lesson 12 地図を活用する
~山歩きがもっとラクになる

なぜ地図を持つのか？

登山には地図とコンパスを必ず持つようにといわれますが、なぜ必要なのでしょうか。道に迷ったときに現在地を確認するため？　本当に道に迷ってしまったら、よほど分かりやすい目印となるものがない限り、地図を見ても現在地は分かりません。考え方としては逆で、正しいルートを進めるように、現在地を、そしてこれから進む道を確認するために地図が必要なのです。

地図にはさまざまな情報が記されています。進む道の方角、そこがどんな地形か、急斜面か緩やかか、登るのか下るのか。これから進む道の情報を地図から読み取り、先読みをしていくことで山歩きはずっとラクになります。人は予想外のダメージに弱いものです。例えばもう山頂だと思って急斜面を登りきったのに、その先にさらにキツそうな登りが見えたら、ガックリするでしょう。地図で地形を確認しておけば、この急斜面の上は偽ピークで、そこからさらに登らなくてはならないと分かっているので、登り切ってがっかりすることもありませんし、上手にペースの配分もできます。

さまざまな地図

登山に使われる地図にはさまざまな種類があります。地図初心者でも使いやすいのは市販の登山地図。コースタイムや展望地、危険個所などの注記があります。全国の書店で入手でき、最もよく使われている昭文社『山と高原地図』は、毎年情報がアップデートされていて、登山道の情報が比較的正確です。

地形を読むのに適しているのは、国土地理院の地形図です。いくつか縮尺がある中で、登山には2万5000分の1の地形図がよく使われています。等高線と道路、おもな地名や山名など最低限の情報しかないので、見慣れていないと見ても意味が分かりにくいのですが、地図に慣れてくると等高線の混み具合などは地形図のほうが明確に分かります。

位置情報を把握するものとしては、

● 国土地理院の地形図
等高線のほか必要最低限の線と文字で成り立っている。一部書店や登山用品店などで販売。2万5000分の1の電子地形図をインターネットで購入することができる。

● 登山地図
地形図をベースに、登山に必要な情報が加筆されたもの。おもな山域のみ展開している。書店や登山用品店などで販売。

● ガイドブック
登山のガイドブックの中には地形図をもとにした地図を掲載しているものもある。ガイドブックの記事とあわせて活用できる。

第3章　山歩きに適した装備を揃える

GPS機器やスマートフォンの地図アプリなどもあります。しかし、バッテリーがなくなったり機器が破損してしまったときのことを考えると最低限、紙の地図は必要だと考えています。

前日に10分、地図で予習

地図読みに詳しい方が「山に行く前日、10分使って登山地図を読んでおくとよい」とおっしゃっていました。予習のポイントは

① 標高差とコースタイムのチェック

登山口と山頂の標高を確認して標高差を出し、そこまでのコースタイムを割り出します。山頂から下山口までも同様に。

② 目印の有無をチェック

寺社や山小屋、車道などの人工物は、実際に歩いているときの現在地確認に有効です。

③ 等高線の混み具合を確認

5万分の1の地形図なら等高線1本が20m間隔で、5本(=100m)ごとに太い線になっています。2万5000分の1地形図なら10m間隔で、5本(50m)ごとに太い線です。等高線の間隔が詰まっているときは急斜面、開いているときは緩斜面です。等高線の混み具合を見て、歩くルートの傾斜をイメージします。

④ 歩く地形を確認

山はピーク(他よりも高くなっている場所)、コル(ピークとピークの間の一番低い場所)、尾根(左右が切れ落ちて周囲に比べて高くなっている場所)、沢(傾斜に挟まれて低くなっている場所)から成り立っています。山頂までの道は尾根上か沢沿いか、尾根上はピークとコルがどうなっているかを確認しましょう。

①〜④を予習しても、おそらく10分程度で終わるでしょう。そして実際に歩きながら、自分が予習、予測した地形を確認していくのです。

人気の登山用アプリ

● YAMAP(ヤマップ)
登山コースが記載された地図をダウンロードし、スマートフォンに内蔵されたGPS機能で現在地を知ることができる地図アプリ。歩いた軌跡の記録なども取れる。

● AR山1000
スマホのカメラをかざすと山名が表示される。山頂や展望地での山座同定に有効。通信圏外でも利用可能。

整置

ごくごく基本的なコンパスの使い方。現在地から進む方向の確認や、見えている山の確認などができる。

❶地図の上にコンパスを乗せる。　❷地図の北（磁北）とコンパスの北が合うように地図を回す。

登山地図で分かること

コースタイムや危険個所、ビューポイントやお花畑などの注記、人工物などの表示が分かりやすい。地図によっては山頂の標高だけでなく登山口の標高も表示されている。

Lesson 13 登山用具のメンテナンス
～長く付き合うために

帰って面倒になる前に済ませる

　登山道具は、きちんと手入れをすることで長持ちします。それなりに高額商品であったり、気に入って使っているものであれば、少しでも長く使い続けたいもの。登山用具のメンテナンスは、それほど難しいものではありませんし、時間も手間もかかりません。

　私の場合、山から帰ってきたらすぐに道具の後片付けをします。ザックの中のものをすべて出し、洗濯するものは洗濯。手入れが必要なものは手入れを済ませ、救急用具などは中身の確認をして使ったものを補充してからしまいます。時間がたてばたつほど面倒になるからです。

基本の3ステップ

　大半の登山用具のメンテナンスは、3ステップで考えます。

① 汚れを落とす

　登山道具は泥や汗、皮脂などで汚れています。つきっぱなしでは劣化の原因になるので、洗濯したり、ブラシで払う、あるいは水洗いをするなどして落とします。

② 乾かす

　水分が残っているとカビやサビなど、劣化の原因になります。しっかり乾かします。多くの登山用具は直射日光を嫌いますから、風通しのよい日陰で干すようにします。保管するときも、湿気のたまりやすいところは避けます。

③ 壊れたところがないかを確認する

　しまう前にチェック。雨具が破れていたらリペアシートを貼る、靴ひもが切れそうになっていたら新しいものと取り替えるなど、次回に問題なく使えるようにしておきます。

洗濯は表示どおりに

　ウェア類はタグについている表示に従って洗濯しましょう。傷みやすい生地のものは洗濯ネットに入れるなどすれば長持ちします。泥がひどくついて汚れてしまったパンツなどは、洗濯機に入れる前に軽く水洗いをして泥を落とします。

登山靴

素材によって違いはありますが、基本は汚れを落とし、乾かすこと。靴の中敷を出し、靴の紐を緩めて靴の中の湿気を出すようにします。その後、靴ひもを締めた状態で保管。

履いているのと同じ状態で靴ひもを締めておくと、よい状態で靴の形状が記憶される。

緩めた状態で保管すると、その状態で靴の形が固まってしまい、足にフィットしなくなってしまう。

レインウェア

雨具は泥など外からの汚れだけでなく、内側の汗や皮脂による汚れもあり、これらが防水透湿性の妨げになります。使った雨具は必ず洗います。防水性をキープできる雨具専用の洗剤もあります。

洗った雨具は風通しのよいところで陰干しに。直射日光に当てないように。

ザック

汚れを落とし、乾かして保管します。丸洗いができるかは商品の説明や表示を確認します。丸洗いをしたら風通しのよいところで陰干しに。

背面が汗を吸って汚れや臭いが気になる場合は、濡れタオルを押し当てるようにして拭くとよい。

第3章 山歩きに適した装備を揃える

登山用品店と上手に付き合う

■登山用具のアドバイザー

登山用のウェアや道具を選ぶときには、登山にも道具にも精通しているスタッフがいる登山用品店がおすすめです。専用の道具の種類も量も揃っていますし、登山や道具に詳しいスタッフも多いです。うまくお付き合いをすれば、あなたの道具選びのよいアドバイザーになってくれるでしょう。

■自分のことを正しく伝える

道具(服)を買うときには、お店の人に自分の情報や要望を正しく伝えます。

①なぜその道具を買うのか

高尾山に行くのに靴を買いたい、北アルプスで縦走登山をするのにザックが必要、など、何のためにその道具が必要なのかを伝えます。

②今の自分のスキル

これから山を始める、登山歴10年で縦走もする、など。

③予算

なるべく安いほうがよい、お金に糸目はつけないから自分に合ったものが欲しい、など。

たくさんの商品がありますが、ハイスペックな商品が必ずしもあなたに一番合っているとは限りません。お店の人は情報をもとに、あなたに一番合うと思われる商品を勧めてくれるでしょう。

■分からないことは遠慮なく聞く

手にとって試着したりして、この部分は何に使うのか、調節はどうしたらよいのかなど、分からないことがあったら、その場ですぐ聞きましょう。買って帰ってから疑問に思っても、調べる手段が見つからないこともありますし、質問のためにお店にいくのも面倒です。せっかくの機能ですから、きちんと使いこなせるように、お店の人に手伝ってもらいましょう。

※協力:ICI石井スポーツ登山本店

第4章
疲れずに楽しく歩く

足にやさしく、省エネで
〜疲れない歩き方の基本

普段歩きの2倍ゆっくり

 山を歩くといつも疲れてしまう、下山のときはペースが落ちて足も上がらない…という人はいませんか？体力がないことを嘆く前に、歩くペースを見直してみてください。山で多くの登山者を見ていて思うのは、みなさん歩くのが早過ぎだということです。

 山歩きは何時間も歩き続けるスポーツです。疲れずに気持ちよく歩ける歩き方の基本は「適切なペースで、休まず歩き続ける」ということ。目安は「普段の街歩きの2倍ゆっくり」。おしゃべりをしながら歩いても息が切れないペースを意識します。ハイキングの講座などでご一緒した人からは、「こんなにゆっくりでいいんですか？」と聞かれますが、いいのです。

 とくにはじめの30分〜1時間は「ゆっくり歩く」ことを意識します。呼吸が上がらないようにゆっくり歩きながら体を温め、慣らしていくような感覚です。

「1時間1サイクル」が目安

 ゆっくり、そして休まずに歩くこともポイントです。やや早いペースで30分歩いて5〜10分休むのを繰り返すのと、ゆっくり50分歩いて10分休むのを繰り返すのでは、後者のほうが疲労を感じずに歩けます。一度休むと、いい感じに温められた体がリセットされてしまいます。

 よく歩かれている登山道は、1時間程歩くと、ちょうどいい休憩ポイントが設けられているところが多いものです。おおよそ1時間を1サイクルとして、50分歩いて10分休憩を目安にするとよいと思います。最初の1時間は、衣服の調節や体調のチェックを兼ねて、30分ぐらいで一度軽い休憩を入れてもよいです。

段差は小刻みに

 登山道を歩いていると、大きな段差のある岩場や石段が現れることがあります。このとき、大きく足を上げて「エイヤッ！」と登ってしまうのではなく、周りをよく確認して、小

さな段差がないか、もっと歩きやすいところはないかを探します。大きな段差を登り続けると息が切れ、筋肉も疲労します。駅の階段を2段とばしでずっと歩き続けるとかなり息が切れますが、1段ずつ歩いていくと疲れません。山での登りも同じです。歩きにくい場所だと思ったら、少し顔を上げて、周りを見るようにしましょう。

第4章　疲れずに楽しく歩く

息が切れたら顔を上げる

　疲れないペースを心がけても、急な坂道が続いたり、長時間歩き続けると疲れてきます。疲れたと感じたときに意識してほしいのが「顔を上げ、姿勢をよくすること」です。とくに登りのとき、疲れてくると人はうつむき、猫背になりがちです。呼吸も浅くなっています。疲れてきたな、息が切れてきたなと思ったら、顔を上げ、背筋を少し張ってみましょう。背筋を張ることで胸が広がり、呼吸がしやすくなるはずです。そして、深呼吸を続けていきましょう。

　このとき、大きく口を開けてハアハア呼吸をするのではなく、少し口をすぼめて、細く長く息を吐き出すようにします。そして鼻からゆっくり息を吸います。

　それから、登りが続くときに私が意識するのは「リズム」です。ゆっくり、一定のペースで足を動かしていきます。足の運びと呼吸を合わせていくような感じです。

下りは足裏全体で

　傾斜が強く滑りやすそうに見える下り斜面では、地面を足裏全体で踏むような感覚にします。登山靴の靴底は摩擦の強い素材を使用しているので、全体で踏むことで広い範囲で摩擦が効いて滑りにくくなります。傾斜がさらに強くて不安がある場合は、少し腰を落とし気味にすることを意識しつつ、足の幅を広めにして歩いてみるとよいでしょう。

　段差のある下りは、足をそっと置くことで膝や足首への負担を抑えることができます。大きな段差のときは、体を横向きにして、ゆっくり足を下ろしていきます。前向きに勢いよく、ドスンドスンと音をたてて歩いている人は要注意。どんどん膝に負担がかかっています。

登りより下りがつらい？

　登りのほうが息が上がってつらいと思われがちですが、足の筋肉に負担がかかるのは下りのほう。とくに長く歩いて疲れてくると集中力も切れてきます。滑落などの事故は、難しい岩場や激しい登りより、下り、それも本当に難しくないところでうっかりと、ということが多いのです。最後まで気を抜かず、集中して歩くようにしましょう。そして、集中して歩き続けるためにも、疲れない歩き方は重要なのです。

登り

● 段差は小刻みに

段差に大きく足を上げると、瞬間的に筋力を使い、それが続けば疲労する。

小さな段差に爪先で立ち込みながら登っていく、あるいは段差のないところに回り込みながら歩くと筋肉に負担が少ない。

下り

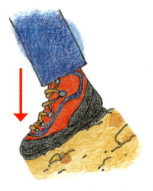

足裏全体で地面を踏み、靴底全体の摩擦で滑りにくくする。力の方向は地面に対して鉛直方向となる（矢印の方向）。

急な下り斜面で勢いがつき、自力で止まれずにつんのめってしまう、あるいは前にいる人にぶつかる…という事故も。

バテないための栄養補給・水分補給

お腹がすく前に食べる

　山でバテずに快適に歩くためのもうひとつのポイントが、体の中に栄養や水分を取り込むこと。山歩きはただ歩いているだけと思うかもしれませんが、体を動かし続けることでエネルギーを消費し、体から水分が出ていっています。消費したエネルギーや水分を適切に補給することで、体が効率的に動くのです。
「シャリバテ」という言葉を聞いたことがありますか？　エネルギーの消費に摂取が追いつかない状態のことです。数年前に雪山登山で北アルプスに行ったときのこと。かなり疲れがたまっていて食事が思うようにとれない中で歩き続けていたら、いきなり電池が切れたように歩けなくなりました。平坦な道なのに、5歩ぐらい歩くと息が切れて足が動きません。同行者に「シャリバテになっているぞ」と言われてようやく気づきました。即効性の高いエナジージェルを飲み、体が動くようになり、その後はアメをずっとなめながら歩き続けたのでした。

　お腹がすいたと感じたら、そのときはすでに「足りない」状態です。お腹がすいたと思う前に、少しずつ摂取することが必要です。

何をどのくらい食べたらよいか

　山の行動食（おやつ）は、カロリーが高いもの、食べやすいものが適しています。

　行動中のエネルギー源となるのは炭水化物。ごはんやパン、シリアルなどのでんぷん類はゆっくり消化されて腹もちがよく、あんこやチョコレート、アメなどの糖類はすぐにエネルギーになります。パン＋あんこで構成されるあんぱんは、非常に効果的な行動食なのです。人気の高いドライフルーツも糖分が高くおすすめ。適度な酸味もあり食べやすいです。疲れて食欲がなくなったときにはゼリー状ドリンクも重宝します。

　登山の行動中に必要なカロリーは、体重や行動時間にもよりますが1日約800〜1000kcal。これらを一気にたくさん食べるのではなく、こま

行動食に適した食べ物

● **あんぱん**
腹もちのよいでんぷん質と、即効性の高い糖類を兼ね備えた、最強の行動食。小ぶりな食べ切りサイズがおすすめ。

● **ドライフルーツ**
甘みと酸味があり食べやすい。マンゴーやあんずなどが定番人気。刻んだミックスフルーツとナッツを混ぜても。

● **ゼリードリンク**
流動食なので、疲れていても食べやすい。大量にもっていくと重くかさばるので、予備食としてひとつ持参してもよい。

● **甘納豆**
小粒だがカロリーが高くおすすめ。さまざまな種類が小分けになっているものは味に変化がついてよい。

● **おにぎり**
炭水化物とともに塩分も摂取できる。最近はコンビニのおにぎりも種類豊富で選ぶのが楽しい。もちろん手作りでも。

● **チョコレート**
小粒で高カロリー、行動食の定番。夏は溶けてしまうので注意が必要だ。

めにとることがポイントです。行動を1時間1サイクルと考えたとき、休憩ごとに100〜200kcalの行動食を取るようなイメージですね。

のどが渇く前に飲む

栄養と同様に、水も「のどが渇く前」に飲むことを心がけます。のどが渇いたと感じたら、そのときはすでに体の中の水分が不足している状態です。人間の体からは、汗だけでなく、吐く息から、さらには皮膚からも常に水分が放出されています。体温が上がるとさらに放出が激しくなりますし、水分補給には体温を下げる役割もあります。

とくに気をつけたいのが雨の日や肌寒い日。「汗をかいている」という実感がなく、水分をとらなくなりがちですが、雨具を着て行動していると、サウナ効果で普段より余計に汗をかいているものです。汗をかいていない、のどが渇いていないと思っても、休憩ごとに水分補給をしましょう。

行動時間5〜6時間程度の登山の場合、1リットル程度の水を持参し、休憩ごとにこまめにとるようにします。のどが渇いた状態で大量の水を一気に飲んでも、一度に体内に取り込める量は限りがあるので、効率的ではありません。自宅から登山口までの移動距離が長かった場合は、歩き始める前にまず1杯、水を飲む習慣をつけるとよいでしょう。

塩分補給も大切

汗や呼気からは、水分とともに塩分なども失われていきます。体から塩分が不足すると、足がつりやすくなることがあります。そのため、とくに大量の汗をかく時期は、水分だけでなく塩分も補給するように心がけます。電解質を含むスポーツドリンクや経口補水液などを飲むのが効果的ですし、梅干しや塩飴、塩分タブレットなどを水とともに補給してもよいでしょう。

なかでも、糖質と電解質をバランスよく配合した経口補水液は、脱水症状のケアに有効です。

●塩分補給
市販の塩飴や塩分タブレットなどは、簡単に塩分補給ができて重宝する。

●スポーツドリンク・経口補水液
スポーツドリンクはさまざまな種類があるのでお好みで。味の濃さが気になるようなら、少し水で薄めて飲んでもよい。

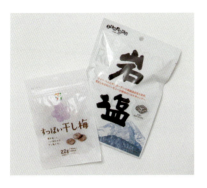

●ハイドレーションシステム
行動しながら水分を摂取できるシステム。ボトルに接続されたチューブから水を飲む。ザックを下ろさなくても随時水分を摂ることができるすぐれものだ。

安全に気持ちよく歩くために知っておきたい山のルール

Lesson 3

登山道でのすれ違い

それほど広くない登山道では、前から来る人とすれ違ったり、後ろから来た人に道を譲ったり譲られたり、ということが多くあります。すれ違いのルールのひとつが「登り優先」。疲れてがんばって登ってくる人に道を譲ってあげる、という気配りです。

とはいえ、それが絶対の掟ではありません。登っている人が「疲れているからお先にどうぞ」と道を譲ることもありますし、前から来る人が大人数のグループの場合は、通過に時間がかかるからと道を譲ってくれることもあります。状況を判断し、臨機応変にいきましょう。道を譲ってもらったとき「ありがとう」と一声かけるとスマートです。

山側に避ける

登山道でのすれ違いのとき、必ず意識したいのが「山側に避ける」ことです。谷側のほうが広く安定しているように見えることが多いため、不用意に谷側に避ける人は非常に多いです。しかし、谷側に避けた場合、すれ違う人が少しバランスを崩してぶつかって来たり、持っているザックやトレッキングポールが触れることでバランスを崩すと、そのまま滑落してしまいます。自分の安全を第一に考えてください。

前から人が来る場合、あるいは後ろから来る人に道を譲りたい場合は、どこですれ違うと安全かを素早く判断し、よい場所で山側に立ち止まって道を譲ります。そのためにも足元だけ見て余裕なく歩くのではなく、常に周囲に気を配りながら歩きます。

グループで行動する

山仲間と、あるいは家族と山歩きをする、つまりひとりではなく複数名で行動する場合、「グループを分けずに全員で行動する」というのが基本ルールです。

山歩きの経験が少ない、あるいは体力がなくてバテてしまった同行者に「私はあとからゆっくり行くから先に行ってて」と言われ、先にどんどん進んでしまうというのはよくあ

●山側に避ける

道を譲る人は山側に。ザックは山側に向け、すれ違う人に体を向けるようにする。すれ違うときには体を動かさない。

●落石を避ける

休憩は安全な場所で。周りに石がたくさん落ちているなど、明らかに落石がありそうな場所は素早く通過するように。

●グループで行動する

歩き慣れた人が先頭と最後尾を歩く。経験の浅い人や体力のない人は先頭のすぐ後ろを歩いてもらうとペース配分がしやすい。

るパターンです。しかし、山頂や下山口に着いて、何時間待っても同行者がやってこない…となったら。道を間違えていたり、誤って登山道から滑落していたら。山では携帯電話もつながりにくく、姿が見えないほど離れてしまったら、相手の居場所を確認する手段はありません。

　早く歩けない同行者がいるなら、荷物を持ってあげたり、サポートをしながら全員で行動するようにします。もし先行する場合でも、常に相手から見える位置（自分も相手を確認できる位置）にいることを心がけます。とくに疲れてバテている、あるいは経験の浅い人を絶対にひとりにしてはいけません。

大切な自然を守る

　山歩きは「自然の中で遊ばせてもらうこと」。過酷な環境の中で生きている山の動物、植物を傷つけないように配慮することは、山歩きをする一人一人が守らなくてはならない最低限のルールです。

　山で歩いていいのは登山道と決められた道だけです。登山道をはずれて植物を踏みつければ、植生が修復されるのには時間がかかります。珍しい植物でも、そうでない植物でも同じです。足で踏むだけでなく、道からはずれたところに三脚を立てて写真を撮るのもよくありません。

　当然のことですが、持ち込んだゴミは必ず持ち帰ります。山小屋などにゴミ箱が設置されていることもありますが、これは山小屋で出たゴミを捨てるためのもの。山の中ではゴミ収集車がさっと来て搬出…というわけにはいきません。各自が持ち帰ります。

山のトイレ

　山の中に設置されたトイレや山小屋のトイレは、100円程度の清掃協力金を支払って利用するところが多くあります。山ではトイレの維持管理にも費用がかかるので、きちんと協力をしましょう。また、トイレによっては「トイレットペーパーを流さずにゴミ箱に入れる」などの指示があるところも。環境保全のためにも、指示に従います。

　トイレのないところでどうしても…という場合は、人のいないところを見計らって。ただし、山奥に進み過ぎて道が分からなくなったり、傾斜の強い場所で滑落などをしないように注意。使用済みのトイレットペーパーは必ず持ち帰ります。

● 登山道を歩く

湿原は長い年月をかけて作り出されたもの。人が不用意に踏んだだけで傷んでしまう。必ず整備された木道を歩こう。雨や霧で濡れていると滑りやすいので注意。

登山道の柵をはずれて砂地や岩場に踏み込めば、植生が荒れてしまうだけでなく、滑落の危険もある。

第4章　疲れずに楽しく歩く

Lesson 4 歩き始める前に準備運動

体を動かしてウォーミングアップ

スポーツでは始める前に準備運動を行いますが、登山も同様です。本格的に体を動かす前に体を温めて動きやすい状態にします。さらにけがの予防にもなります。

登山前のウォーミングアップは、どちらかといえば「体を動かして温める」動作を取り入れるようにします。腕をぐるぐると大きく回したり、屈伸運動をしたり、アキレス腱を伸ばしたりするとよいでしょう。このとき、無理に伸ばしたり、勢いよく反動をつけないことがポイントです。体がよく温まっていない状態で無理な体勢をとると、かえって筋を傷めたりする可能性があります。

クールダウンはストレッチを

登山後にもクールダウンの運動を取り入れるとよいでしょう。こちらは筋肉を伸ばして静止する、ストレッチの動きを中心にします。登山でよく使った足回り、ザックを背負い続けて負担のかかった肩周りなどを伸ばしてあげると快適です。ウォーミングアップと同様に、無理に伸ばしたり反動をつけたりしないように。心地よいと感じるところで10秒ほど静止し、伸びている部分をしっかり意識して伸ばすようにします。山歩きで疲れるのは足だけだと思いがちですが、重いザックを背負い、ストックを握っていたりするので上半身もそれなりに疲れているはずです。肩周りのストレッチは気持ちがいいですよ。

私が普段しているストレッチを右ページに紹介します。全部行っても5分もかかりません。帰りのバスの待ち時間などを使ってどうぞ。

余談ですが、準備体操のとき、ザックは自分の目の届くところに置くようにしています。とくに登山者の多い山の場合、同じようなザックを持っている人も多く、間違われてしまうこともありますし、ごくまれに置き引きの被害にあうこともあります。自分の道具は自分で管理するように心がけます。

クールダウンのストレッチ

●体側
手首を持って、ゆっくりと斜め上方向に腕を伸ばしていく。

●前腕〜肩周り
肘を体に寄せるようにして肩を伸ばす。肩甲骨〜肩周りが伸びていることを意識して。

●アキレス腱〜ふくらはぎ
登りでよく使った筋肉。足を広げすぎず、ちょうどよいところでしっかり静止。

●太ももの表側（大腿四頭筋）
足首を持って膝を曲げる。よろけてしまう場合は手で木や壁などを掴んで体を支えるとよい。

●股関節
膝の内側に手を置き、肩を入れるように。股関節がしっかり伸びていることを意識。

Lesson 5 山のトラブルに対処する

　街ではすぐに対応できるちょっとしたトラブルも、山で起こると場合によっては重大な事故になることも。

1　体調不良・けが

　体調が悪い、あるいはけがをしたときはいったん休んで回復を待つ、あるいは応急処置をして下山を。そのうえで、下山後に病院で診てもらうようにします。

●出血

　転んで擦り傷、あるいは切り傷を作って出血している場合は、まず真水で傷口を洗って泥などの汚れを落とします。その後に、滅菌ガーゼ（清潔な布など）を当て、包帯などで傷口を押さえて止血。小さなペットボトルに真水を入れたものを常備しておくとよいでしょう。

●捻挫

　冷やす、固定する、動かさない、が基本です。まず患部を水などで冷やし、テーピングなどで固定します。登山靴を履いている場合は、あえて脱がずにテーピングや三角巾などで固定してもよいでしょう。歩くのが困難なほど腫れている場合、あるいは骨折の可能性がある場合は救助要請をします。

●足のつり

　水分・塩分の不足が原因のひとつといわれています。適切な水分補給と歩く前のストレッチが効果的です。つってしまった場合は休憩して水分・塩分を補給。つっている部分をマッサージし、痛くない程度に伸ばします。

●虫さされ

　山での虫さされで注意すべきは、蜂による虫さされです。強いアレルギー反応でアナフィラキシーショックを起こす可能性があります。蜂は黒い色の衣服に寄ってくるといわれるので、黒ずくめの服装は避けるようにするとよいでしょう。蜂に刺されたらまずはその場から離れ、傷口から毒を吸い取り、消毒します。傷口は冷やして安静に。じんましんや呼吸困難などアナフィラキシーショックの症状がある場合は、すぐに救助要請をします。

●熱中症

夏、暑い中で水を飲まずに歩くと、体の中の水分が著しく減り、体温調節ができなくなります。脈拍は速くなり、めまいや頭痛、吐き気などが起こります。直射日光を避けて休憩し、水分、塩分を補給。衣服をゆるめ、風を送って体温を下げるようにします。予防には水分補給が重要。こまめに水分をとります。

●高山病

おもに標高2500m以上の山で、標高が高いことによる気圧の低さや空気の薄さに体が対応できないとき、激しい頭痛や吐き気、めまいなどが起こります。水分を補給し、さらに体に酸素を十分に取り入れる呼吸法（30cm先のろうそくを3秒かけて吹き消す要領）を行いましょう。それでも体調が改善しなければ下山を。症状は高度を下げる（下山する）とおさまります。

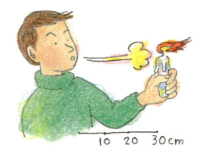

ポイズンリムーバー
蜂など毒を持つ虫に刺されたとき、毒をすぐに吸い出すことができる。登山用品店などでも販売している。
ケアプラス　ベノムエクストラクター
3800円（税別）、㈲ユニバーサルトレーディング

2　道迷いや下山遅れ

●道迷い

登山道は分かりやすいものばかりとは限りません。分岐の道標を見落として違う道に入ってしまう可能性もありますし、登山道ではない仕事道もあります。いつまでたっても目的地に着かない、予定のルートと違う気がする、道がなくなってしまった…。その場合は、地図を見て周りの地形を確認したうえで、ここまでは間違ってなかったと分かるところまで、来た道を戻ります。おかしいなと思ったら、自分の感覚に嘘をつかず、早めに来た道を戻ります。

●下山が遅れた

登山道は暗くなると街灯がないので文字通り「真っ暗」になります。暗くなると手元すら見えなくなってしまいます。歩いていて薄暗くなってきたら、ヘッドライトの準備をします。日中は分かりやすい山道でも、暗くなると周りが目視しづらく、道が分かりにくくなります。また、木の根などが出ているところでつまずきやすくもなります。十分慎重に歩きましょう。これ以上行動することに不安を感じたら、ツェルトを被って一夜を過ごし、明るくなってから行動をすることも考えてください。

●落雷

急激な天候の変化で雷が発生することがあり、直撃を受けると生命の危険があります。雷が鳴り始めたら、高く孤立した木の下や岩場、さえぎるもののない尾根筋など、落雷リスクの高いところから極力離れます。頭を低くして雷を避けるようにします。また、夏山では午後2時〜6時が、雷の発生しやすい時間帯。この時間帯に山頂や稜線にいないようにします。

用途が広いツェルト

道迷いや下山遅れで、山でやむを得ず一夜を過ごさなければならなくなったとき、あるいはけがをして救助を待っているときなどに、寒さや風をしのぐことができるツェルト（簡易テント）は有効です。

ツェルトを持っている人でも、実際に使ったことがないという人は多いようです。買ったら一度広げて、どのような構造になっているかを確認してみましょう。日帰りハイキングなどで実際に使ってみるのもよいと思います。ビバークのときでなくても、寒い日の休憩時などにさっと被るととても快適です。

● 山中でのビバーク

持っている防寒具類などはすべて着込み、ツェルトやエマージェンシーシートを体に巻き付けて体温の低下を防ぐ。落石などの危険がなく、できれば雨風を避けられるところを選ぶとよい。

2～3人用のツェルトは立木やトレッキングポールなどを使ってテント状に張ることができる。座れば3～4人が中に入れるし、2～3人なら体を横たえることもできる。

● 落雷

高い木に雷が落ちると、木の頂点から45度ぐらいのところまでは側撃雷を受ける可能性があるので非常に危険。

Lesson 6 「昔とった杵柄」にご用心

年を重ねると身体能力が低下

人間の身体能力は、年齢とともに低下していきます。筋力や全身持久力は、20代の頃を100%とすると、40代は70〜80%、50代は60〜70%となるという研究データがあります（右図参照）。バランス力も同様で20代と比べて40代は60%、60代は30%となります。疲れて集中力がなくなってきた状態で、登山道でバランスを崩し、足の踏ん張りが利かなくて滑落、転落…。中高年登山者がけがをしやすかったり、滑落・転落の事故が多いのには理由があるのです。

若い頃の自分とのギャップを知る

若い頃に登山や他のスポーツをしていて、子育てや仕事が一段落したので山歩きを再開…という方も最近は多いようです。しかし、体を動かしていなかった期間が長かった人ほど、注意が必要です。たとえば20代の頃に登山をしていた人が50代で再開するとき、約30年のブランクがあることになります。

若い頃からずっと登山（あるいはスポーツ）を続けている人は、年齢による体力の低下をある程度自分で把握しています。年をとってから登山を始めた人も、体力がない状態からのスタートなので比較的自分の体力を正確に把握できています。一方で、昔スポーツを本格的にしていた「昔取った杵柄系」の人は、体力が無尽蔵にあった若い頃の自分のイメージだけを持っています。そのため、若い頃と同じペースで歩こうとしてバテてしまったり、筋力が追いつかずにけがをしてしまったりすることがあるのです。

山を再開するときは、いきなり難易度の高い山を目指すのではなく、行程の短い山で様子を見ましょう。自分の現在の体力レベルを正しく知ることが第一歩です。そのうえで、山歩きの回数を重ねて少しずつ体力や筋力をつけていきましょう。若い頃に本格的なスポーツをしていたという自負のある方ほど、意識してほしいと思います。

個人の体力差が大きい

ハイキングの講座などで中高年の方々とご一緒して思うのは、とくに年配になればなるほど、個人の体力差が大きいということです。例えば、同じ70歳でも、山道をかなりのスピードで歩き続けることができる人がいる一方で、高尾山の薬王院の階段を登るだけで息も絶え絶えになってしまう人もいます。運動を続けている・いない、病気のあるなしなどによって、体力や筋力に大きな違いがあるのです。

加齢とともに体力が落ちていく一方で実際の体力・筋力のレベルは人によって大きく異なり、判断は一様にはできません。例えば同世代の人を誘って山に行く場合、自分が問題なく歩けるからこの人も大丈夫だろう、とは言い切れないのです。山歩きの経験はあるか、普段から運動をしているかなどをさりげなく聞き出しておくことをおすすめします。

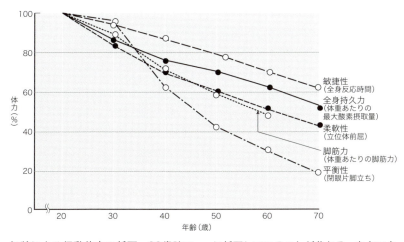

加齢による行動体力の低下。20歳時の体力を100%としたときの、各年齢の体力を%で表している。一般人の平均値を示したもの。脚筋力、平衡性(バランス)、柔軟性など、すべての機能が加齢とともに低下していることが分かる。なかでも平衡性の低下が著しい。
※山本正嘉 著『登山の運動生理学百科』(東京新聞出版部刊)P.82より転載

Lesson 7 無理をしないのが安全登山の基本

悪天候で突っ込まない

せっかく計画を立てて休みも確保したのに、無情の大荒れ予報…。そんなときは登山は中止にします。多少の雨ならしっとりした風情を楽しむのもおつなものですが、台風などの悪天候では歩行も困難ですし、アプローチの林道が土砂崩れ、雨量が多いのでバスが運休、などということもあります。山麓で悪天候の予報の場合、山ではさらに荒れていることも多いです。早く回復するかも、山はいい状態かも、などと楽観予測はしてはいけません。

天気予報が予報以上に悪化することもあります。歩き始めてしばらくしたら、土砂降りの雨が降り始めた、どんどん霧が深くなってしまった…。そんなときはいったん行動を止め、今いる場所やこのあとの行程などを確認したうえで下山／先に進むの判断をします。

体調が悪ければ引き返す

体調が悪いときには無理をしないことも大切です。山歩きの当日、悪寒がする、頭痛がひどい。歩き始めたらやたらと汗をかいてつらい、お腹が痛いなど体の不調に気づくことがあります。

とくにグループでの山歩きの場合、他のメンバーに悪いからと無理をしがちです。しかし、その結果、山頂近くでどうにも歩けないほど体調が悪くなってしまったら、他のメンバーに迷惑をかけてしまいます。調子が悪いと思ったら、「今日は山に行かない」「ここで引き返す」という判断が大切です。

山は逃げない

「山は逃げない」という言葉があります。元気で山歩きを続けている限り、おそらく山がなくなることはありません。火山活動で登れなくなったり、地形の変化で登山道がなくなることはあるかもしれませんが…。条件の悪いときに無理をして登ってもいいことはありません。自分も自然もベストな状態のときに、山に向かいましょう。

ガスで視界がきかない状況は、景色が見えなくて楽しくないと同時に、登山道がわかりづらくなるという危険性もある。

● ひとりで山を歩くということ

山に行きたい、でも他の仲間と日程が合わない。そんなとき、ひとりで山を歩く人も多いです。マイペースで静かに山を楽しみたいから、という人も多いでしょう。山の声に耳を傾けながら歩くひとり登山は、仲間どうしの登山とはまた違ったよさがあります。

一方で、必ず頭に入れておきたいのが「遭難時のリスクが高い」ことです。例えば歩いていて登山道から滑落して、けがをしてしまった場合。仲間がいれば助けてくれたり、あるいは救助要請をしてくれるでしょう。ひとりの場合は、その場を見ていた目撃者などがいなければ滑落した事実さえ誰も知りません。グループ登山でも単独登山でも事故は起こります。しかし、単独登山の場合は、遭難をした場合、見つけてもらえないリスクが高いのです。

そのためにも、行動計画をしっかりと立てること、やむをえず遭難したときに備えてエマージェンシーグッズなどを持つこと。忘れ物をしないこと。グループ登山以上にリスク管理をしっかりと行います。

遭難未満モデルケース

実話をもとに、危うく遭難の事例をいくつか紹介します。一歩間違えば大きな事故になりうる事例です。同じような行動をしていませんか?

 夫婦で離ればなれに

　日帰りハイキングで山を訪れたA男さん、B子さん夫妻。下山途中でB子さんがバテてしまい、A男さんは先に歩いて登山口でB子さんを待つことにした。普段からA男さんがハイペースで、B子さんがあとからついていくのが普通だった。

　しかし、下山口に着いて2時間たってもB子さんが下りてこないので、A男さんは下山口の茶店に相談。茶店のスタッフ数名と登り返して探したところ、誤った踏み跡がついて分かりにくくなっているところから50mほど先で、捻挫をしてうずくまっているB子さんを発見した。

 低山で道迷い

　歩行時間3時間程度、小学生の遠足でも使われているという山に足慣らしで出掛けたC太さん。2時間ほどで楽々と山頂に到着し、下山しているうちに、登山道がだんだん薮に覆われた細い道になった。どうせどこかに下山できるだろうと思ったが、道がなくなってしまった。来た道を戻ろうとしたが、あったはずの道が非常に分かりにくく心許ない。戻っていく途中に見覚えはないが明確な登山道が出てきたので、そちらに進んだら、どこに自分がいるのか全く分からなくなってしまった。

　ちょうどその登山道を登ってくる登山者がいたので、事情を話して現在地を教えてもらったが、予定していたルートとは全く別の登山道だった。

 下山遅れで真っ暗に

　山頂で星空を楽しもうと、夕方から登山口をスタートしたDさん。歩き始めて1時間ほどしたところで、登山道から少し離れたところに動いている人影を発見。気になって声をかけてみると、小学生の子ども連れの3人家族だった。昼12時過ぎから歩き始め、下山途中で暗くなってしまったという。ヘッドライトを持っているのは父親だけで、全員が歩き慣れていない。Dさんは自分の行動を取りやめ、家族と同行して登山道まで戻ることにした。ヘッドライトを持っている父親を先頭にし、自分は一番後ろからみんなの足元を照らすようにして歩き、コースタイムの倍近く時間をかけて、ようやく登山口にたどり着いた。

第5章

山歩きを
楽しく続けるには

思い立ったら気軽に行ける「行きつけの山」を持つ！

四季を通じて山の魅力を知る

歩いていて気持ちがいい、景色が素敵。何度でも訪れたくなる山はありますか？　例えば春に行って心地よいと思ったら、季節を替えて再び訪れてみましょう。山の姿は季節が変われば全く様相が異なります。また、同じ日でも去年と今年では季節の進み具合が異なり、見られる景色が違ったりもします。何度も通っているうちに、その山はあなたにとって「行きつけの山」になります。

春は野の花や新緑を楽しみ、秋は紅葉を愛でる。忙しい仕事や家事のあいまをぬって、ちょっと時間が空いたらいつでも行ける。そんな山を持つと、山歩きはどんどん身近なものになり、生活の一部となっていきます。

気軽に行ける山を見つけよう

私にとっての行きつけの山は、第1章でも紹介した高尾山です。ハイキングの講座など仕事で行くことが多く、必然的に「行きつけ」になってしまった山ではありますが、4月は一丁平にサクラのお花見、5月末には6号路でセッコクランのお花見、秋はもみじ台で紅葉、冬は雪をかぶった富士山の絶景…、いつ訪れても楽しみがあります。仕事が煮詰まって気分転換がしたくなったときは早起きして、登山者もほとんどいない静かな登山道を急ぎ足で歩いて山頂へ向かいます。

「行きつけの山」に適しているのは、まずアクセスが便利な山。自宅から近い山が理想ですが、多少遠くても乗り換えをあまりせずに行けるならよいでしょう。気負わずに気軽に、と考えると、歩行時間があまり長くないほうがよいです。所要2～3時間程度の短時間の山なら、トレーニングモードでさっくりと歩くことも、景色を楽しみながらのんびり歩くこともできます。山に興味がある初心者を案内して歩くのにもうってつけです。

自分なりの視点で、お気に入りの山を見つけて、山と深く付き合ってみましょう。

同じ山でも、春はサクラや草花、雑木林の新緑が楽しめ、秋は紅葉が楽しめる。何度も訪れることで見えてくるものがたくさんあるのも、山の楽しさだ。

第5章 山歩きを楽しく続けるには

Lesson 2　一緒に山を楽しむ仲間を作る

山仲間候補は身近に

　山歩きを一緒に楽しむ仲間がいると、山歩きの世界はどんどん広がっていきます。一緒に楽しい思い（ときには辛い思い）をし、下山後は登った山の思い出を語り合う。次にどこへ行こうかと仲間どうしで考えるのも楽しみです。

　近年、山歩きの魅力が再認識され、登山を楽しむ人が増えています。経験はないけど興味がある、という人も多いようです。周りに登山をする友人・知人の心当たりがなくても、探すと案外に見つかるものです。「山に行きたい」と声を出すことから始めてみませんか。

登山教室を活用

　登山用品店、登山用品メーカーが主催する登山教室も充実していて、初心者から経験者向けまで、レベルに応じた講座が行われています。カルチャースクールの登山講座などもありますね。こういった登山教室は同じようなレベルや志向の人が集まることが多く、仲間作りのよいきっかけになります。私が講師を勤めているカルチャースクールのハイキング講座でも、受講生どうしが親しくなり、講座以外の場でハイキングを楽しんでいます。

家族はもっとも身近な山仲間

　思い立ったら気軽に山に行くことができる、最も身近な山仲間になりうるのが家族です。お互いのことを分かり合い、一緒に住んでいれば待ち合わせなどの心配もいりませんし、中止・決行の判断もしやすいでしょう。

　一方で、家族での山歩きは、気心が知れているゆえの気のゆるみに注意が必要です。夫婦での山歩きは、健脚な夫が妻を置いて先に行ってしまったり、夫のペースにあわせてオーバーペースになった妻がバテてしまったりすることがあります。132ページのような遭難事故も実際に起きています。健脚な方が遅い方にペースを合わせればよいのですが、お互いマイペースで歩きたいということ

もあるでしょう。その場合は、1時間を目安に休憩ポイントで待ち合わせるようにしましょう。

　ファミリー登山の場合は、バテ気味の大人を置いて元気な子どもだけが走って先行してしまうことも。こちらもまた、姿が確認できないほど離れてしまうことが遭難の原因となりえます。極力一緒に歩くことを心がけてください。

気心の知れた仲間は山歩きでは得難い財産。

家族での登山は、子どもが無理なく楽しめるよう、ペース配分や休息のタイミングに十分注意を。

Lesson 3 ツアー登山を活用する

交通が便利、格安のツアーも

さまざまな旅行会社や、登山専門のツアー会社が主催する登山ツアーがあります。登山ツアーの一番のメリットはアクセス面でしょう。多くは東京から出発し、電車・バスで登山口までアクセスをすることができます。下山後は登山口までバスが迎えにきてくれますし、ツアーによっては下山後の温泉までついています。自分で交通機関を調べ、当日いくつも乗り継ぎをするよりずっとラク。自分で手配をするより交通費や宿泊費が安いこともあります。ツアーの場合は行程がすべて決まっていますし、ガイドや添乗員が先導して歩いてくれるので安心です。

ツアー登山のルール

いいことづくめに感じられるツアー登山ですが、行程がすべて決まっているということは、逆にいうと「自分で決められることが少ない」ということです。グループで一緒に歩くので、好きなところで立ち止まったり休憩をしたりできません。また、天気が悪いときの決行／中止の判断はツアー会社が行います。ツアー当日、悪天候だから行きたくないとキャンセルしても、決行されればキャンセル料は返ってきません。

それでも、アクセスの不便な山に行くときや、自分で計画して行くには少し心許ないような山に行きたい場合、ツアー登山は有効な手段のひとつとなり得ます。活用すれば山仲間作りのきっかけにもなるでしょう。メリットとデメリットを正しく理解したうえで利用したいものです。

結局歩くのは自分

ガイドや添乗員が先導してくれるといっても、歩くのは自分自身。ツアーとはいえ、ルートの下調べは普段の山歩きと同じように行うべきですし、地図やコンパスなども持って行きます。難易度の高い山の場合は、本当に自力で歩けるか、ツアーの行程に無理がないか、自分目線での検討が必要です。

登山の専門家であるガイドが案内してくれるのは安心。山や自然のことを教えてもらうのも楽しみだ。

すばらしい景色をともに楽しむ。ツアーを通して山仲間が得られることも。

● 代表的な登山ツアー

毎日新聞旅行	http://www.maitabi.jp/mt_japan/ 初心者から中級、上級者まで、レベルに応じてさまざまに楽しめる登山ツアーを多数開催。登山ツアーは難易度が表示され、体力や経験に合ったツアーを選べる。
アルパインツアーサービス	http://www.alpine-tour.com/japan/ 「美しい日本の山々、再発見の旅」を合言葉に、仲間意識をしっかりと持った山のグループとしての登山を心がける。登山ツアーのほか、机上・実地の講習会も開催。
クラブツーリズム・あるく	http://www.club-t.com/theme/sports/aruku/ ライトなウォーキング、ハイキングから本格登山まで多数。歴史街道、ぐるり1周ウォークなど、テーマを持って複数回に分けて行うシリーズツアーも楽しい。

第5章 山歩きを楽しく続けるには

Lesson 4 冬でも低山を歩いてみよう

日だまりハイキングや早春の花めぐり

　山歩きをするのは春から秋、冬は寒いし雪の心配があるからお休み、という方が多いですが、もったいないと思います。春や秋ならではの楽しみがあるように、冬には冬の楽しみがあります。標高2000m以上の山は冬には積雪があって気候も厳しく、専用の装備や服装、技術が必要になるところが大半ですが、標高1500m以下の低山で、冬の山歩きを楽しんでみませんか。

　木々が葉を落とす冬は、樹林の間からの眺めがよくなりますし、よく晴れた日は日だまりが心地よいです。はじめは寒くても、歩いているうちに体が暖まり、ひんやりした空気が心地よくなってきます。春夏に比べて空気が澄んで眺望がよくなりますから、眺めのよい山の頂に立てば、うっすら雪を冠った遠くの山々がくっきりと見渡せることでしょう。ロウバイやスイセンなど、早春に咲く花もあります。冬にお花見登山なんて粋ですね。

積雪のリスクに備える

　一方で、低山とはいえ考えなくてはならないのが積雪です。街で雨が降っている場合、低山では雪になっていることがあります。また、数日前に降った雪が凍ってアイスバーンのようになっていることもあります。

　12〜3月は、標高の低い山への日帰りハイキングであっても、軽アイゼンやチェーンスパイクを持っていくと安心です。歩きにくい雪の斜面では、おっかなびっくり歩くより、軽アイゼンを装着して歩くほうが安定します。ザクザクと雪を踏みしめる感覚も新鮮でしょう。トレッキングポールもあるとさらに安心です。

　雨（山では雪）の翌日を狙って新雪の山を楽しむ「低山上級者」もいます。地面にうっすらと積もった雪、木々に貼り付いた霧氷は、そのときにしか見られない、楽しめない「自然からの贈り物」だと思います。

　また、日没の早さも考慮しておきましょう。春や秋に比べると日が暮れるのが格段に早いです。

1月のある日の低山。地面にはうっすら雪が積もり、木々には霧氷が。

冬の低山歩きに必要なアイテム

- **軽アイゼン**
軽登山靴にも装着できる、4～6本爪のアイゼン。靴底全体にはめるタイプのチェーンスパイクもある。

- **魔法瓶**
寒いときは体の中から温めることが大切。魔法瓶にアツアツの飲み物を入れて。甘めの紅茶などがおすすめ。

- **防寒具**
歩いているときは暖かいが、立ち止まると寒い。保温性に優れた薄手のダウンジャケットやウールの手袋、耳まで隠れる帽子を。防風ジャケット(雨具と兼用でよい)も忘れずに。

第5章 山歩きを楽しく続けるには

Lesson 5 頑張った自分にご褒美を！

下山後のひと風呂は疲労回復にも

楽しい山歩きの後は、温泉やおいしいもので頑張った自分にご褒美をあげたいものです。下山した場所に温泉があれば、ぜひ立ち寄っていきましょう。単に汗を流すだけでなく、筋肉の疲労回復にも効果的です。日帰り入浴施設のほか、旅館で日帰り入浴に対応しているところもあります。その場合は「日帰り入浴可能な時間」の確認をお忘れなく。宿は宿泊者が優先なので、15時頃で受付終了となるところも多くあります。

お風呂に入っていくだけの時間がない場合でも、駅前などに足湯の施設があったら入っていくのもよいでしょう。足だけでも体がよく温まり、さっぱりします。

ご当地グルメで土地の魅力を

チェーン店の居酒屋やレストランでもよいのですが、地元食材を使った料理や、郷土料理が味わえるような「地元の店」で打ち上げができると、山旅の楽しさがアップします。お店を探して下山地や駅前で右往左往するよりも、事前に下調べをしておくとスマートです。一方で、深く考えずにふらりと入った中華料理店や大衆食堂が、予想以上においしく雰囲気がよかった…などということもあります。

食事どころの場合は、昼と夜の間が中休みになっていることがあるので、営業時間は確認をしておくとよいでしょう。

立ち寄ることは地元にも優しい

私のハイキングの講座では、下山後に名物のお店があったり、農産物の直売所があったらみんなで立ち寄るようにしていますし、温泉情報なども極力ご案内するようにしています。自分たちが楽しめるのはもちろんですが、地元のお店に立ち寄ることが、地域活性に少しだけでも役に立つのではないかと思っています。単に山頂を目指すだけでなく、山を含めた地域全体を楽しみたいものです。

● 手打ちそば
そばの名所は全国各地に。風味よくスッキリした味わいのそばを、地酒とともに味わうのもおつなもの。

● 豆腐料理
丹沢・大山の名物。参道沿いには豆腐料理を出す店も多く並び、豆腐尽くしの和食膳なども味わえる。

● 海鮮丼
海の近くの山なら下山後に魚料理はぜひ味わいたい。新鮮な刺身がたっぷり乗った丼は満足度も高い。

● 関東周辺の温泉

奥多摩温泉（東京都）	JR青梅線奥多摩駅周辺。駅から10分のところに日帰り入浴施設「もえぎの湯」があるほか、日帰り入浴可能な旅館も。
鶴巻温泉（神奈川県）	小田急線鶴巻温泉駅周辺。日帰り入浴施設「弘法の里湯」は駅から徒歩3分、露天風呂もある人気の施設。
箱根温泉（神奈川県）	箱根湯本、仙石原など17の温泉郷があり、日帰り入浴施設も多数。仙石原、大涌谷に近い温泉郷は白い濁り湯。
名栗温泉（埼玉県）	名栗湖（有間ダム）付近に湧く。一軒宿の大松閣があるほか、日帰り入浴施設「さわらびの湯」がある。
水上温泉（群馬県）	JR上越線水上駅周辺。日帰り入浴できる温泉宿が点在。駅から車で10分のところに日帰り入浴施設「湯テルメ・谷川」あり。

Lesson 6 「山みやげ」で山の余韻を楽しむ

記念にも実用にも

　山小屋や山の茶店、山麓のみやげ物店には、さまざまな「山みやげ」があります。登頂の記念に、あるいは家族や友人へのおみやげに買っていくのも楽しいものです。私が好んで買うおみやげをいくつか紹介します。

なかでも好きなのは手ぬぐい。タペストリーとして部屋に飾るのもよさそうですが、私は積極的に山に持っていって使っています。

　あとは、素敵な風景や花の絵はがきがあると買うことが多いです。山好きな方へ、山の絵はがきで便りを出すと喜ばれます。

●山おやつ
「行動食」に適したものを選んで買い、次の登山のときに持っていくようにしています。山仲間との話題作りにも。

柚子ぼうとろ餅（陣馬山）

金太郎飴（金時山）

● 山手ぬぐい

思い切りレトロなものからスタイリッシュなものまで。
好きでどんどん集まってしまうのが悩み。

蝶ヶ岳ヒュッテ

尾瀬長蔵小屋

● 山バッジ

使い道はないのに(笑)、ついつい買ってしまいます。最近は
カラフルなものが多いですが、いぶし銀風のもレトロで素敵。

那須岳

御岳山

大菩薩嶺

大岳山

木曽駒ヶ岳

第5章　山歩きを楽しく続けるには

Lesson 7 山歩きの記録を残す

山歩きの記録は成長の足跡

　山に登ったら、山歩きの記録を残すことをおすすめします。記録というと、手間のかかる面倒なものに感じるかもしれませんが、例えば、多くの人が山で行う「写真を撮る」ことも記録のひとつですし、GPSを使う人なら、トラックデータをとるのも記録のひとつです。

　記録は思い出として残るだけでなく、成長の記録でもあり、経験の蓄積でもあります。以前登ったことのある山にまた訪れるとき、記録が残っていれば登山道の状況や歩行時間、自分が感じたことを確実に思い出すことができます。そして、登山後に「あの頃の自分」と今の自分を比較することもできます。

　山行を終えたらすぐ、記録をもとに山行の振り返りをおすすめします。計画通りに歩けたか、けがや体の痛みはないか。うまくいかなかったことは、原因と対策を考えます。例えば下山が遅れて日没すれすれになってしまった場合、スタートが遅かった、途中でバテた、休憩を長く取り過ぎたなど、自分なりに理由を分析し、次の山行に生かすようにします。

デジタルで、アナログで

　私が山に入るとき、記録はメモ帳に書いて残すことが多いです。日付、天候、行動時間、登山道の状況や咲いていた花などを記録していきます。以前はバス代や山小屋で飲み食いをした代金などもメモしていました。ガイドブックの取材などで訪れるときは、コピーをした地図に書き込みをしていきます。

　写真も撮ります。私が普段使っているのは、耐衝撃性が高い完全防水のコンパクトデジタルカメラですが、最近はスマホやタブレットのカメラも性能が高いですね。

　GPSを活用している人なら、歩き始めに電源を入れておけば、下山するまでの軌跡を取ることができます。どこを歩いたかだけでなく、休憩地点や山頂などのコースポイントの通過時間なども確認できますし、デジカメで撮影した時間と照合すれば、

● メモを取る
通過時間や、登山道で気になったもの、さらに見えた山の名前を忘れないようにメモ。

● 写真を撮る
素敵な風景や友人のスナップ、植物や動物など。最近はスマホの写真も画質がよい。

● GPSで記録する
GPS専用機や、スマホの地図アプリなどを使うと、トラックデータ(歩いた軌跡)を残すことができる。

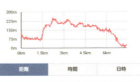

第5章 山歩きを楽しく続けるには

その写真がどこで撮影したものかも特定することができます。

帰ってきたら記録の整理

山から帰ってきたら、記録の整理をしましょう。書きっぱなし、撮りっぱなしだと記録は散逸してしまい、いざ必要なときに見つからない…という事態になってしまいます。山から下りて来て忘れないうちに記録の整理をしようと思ったら、極力簡単な手順にすることをおすすめします。することが煩雑だと、モチベーションの高いときは続けられても、少しテンションが下がってくると挫折してしまうからです。

オンラインアルバムを活用する

私の場合、写真はプリントアウトせず、パソコンに取りこんで保存しています。「20160501高尾山」などのように、行った日と山名が分かるようにフォルダに名前をつけておきます。

一緒に山に行った仲間たちや、山好きの友人たちに写真を見せたいときは、オンラインアルバムを使います。撮影した画像をサイトにアップするだけ。比較的手順が簡単なものが多く、無料で使えるサイトもあります。一般公開せずに特定の仲間とだけ見たい場合は、パスワード(合い言葉)を設定できるものもあります。顔写真などをアップしている場合は、プライバシーを考慮してパスワード方式にするのが無難です。

ソーシャル・ネットワーク・サービス(SNS)を利用している人は、山に行ったレポートを写真付きでアップすることもあるでしょう。その場合も「不特定多数のユーザーが見る可能性がある」ことを前提に、不用意に友人の顔写真を公開しないように心がけたいものです。

登山記録サイトを活用する

私は以前、記録したメモをもとに、「山歩きのブログ」をアップしていました。なかなか会えない旧知の山仲間に見てもらうことを目的として始めましたが、結果的には「自分の記録整理」に役立ちました。日時、コースタイム、山行記録文と、気に入った写真が1〜2点。

最近は、登山情報のサイトの中に、山行記録をアップできるものがあります。第三者との情報共有と同時に、自分の情報のデータベースとして役立てることもできます。

● オンラインアルバム

`30days Album`

https://30d.jp/
共有期間が選べるオンラインアルバム。画像アップの操作も簡単。合い言葉を設定できる。

`Googleフォト`

https://www.google.com/photos/
大量の写真や動画の保管に適しているサービス。スマホでもパソコンでも使いやすい。

● 登山情報サイト

`ヤマレコ`

http://www.yamareco.com/
多くの登山者が活用している登山情報サイト。登山やハイキングなど、山の記録を共有できるサイトで、写真やGPSログと同期したルート図や標高グラフなどとともに、山歩き

の記録を投稿できる。さらに、登山計画書の作成やルート地図の印刷なども行え、単なる記録ツールとしてでなく、登山全般に役立つサイトとなっている。

Lesson 8 登山のために体をととのえる

持久力をつける

「登山のためにトレーニングをしていますか？」とよく聞かれます。今はとくに何もしていません。仕事やプライベートで週に1～2回の割合で山に入っているので、結果的に「山を歩くことが一番のトレーング」を実証する形になっています。月に1～2回日帰りハイキングに行くだけでも、山歩きに必要な体力や筋力は維持できると思います。

山歩きのためのトレーニングとしては、①持久力、②筋力の2系統が考えられます。まず、持久力のトレーニングとして有効なのはジョギングや階段昇降です。登山の場合、登りではそれなりに心拍数が上がるので、それと同じような負荷をかけて行動を続けることで持久力が鍛えられます。ジョギングは早く走る必要はありません。ゆっくりしたペースで長く走ることを意識してください。

筋力をつける

筋力トレーニングとしては、山でよく使う筋肉を。大腿四頭筋（腿の表側）、ふくらはぎ、さらには腹筋をつけて体幹を鍛えましょう。大腿四頭筋は、下りで膝がガクガクするなどの不調の改善に役立ちます。風呂上がりにストレッチも取り入れるとよいでしょう。右ページにトレーニングの例を挙げてみました。部屋のちょっとしたスペースで、テレビを見ながらできて、全部やっても10分かかりません。「時間がないからトレーニングなんて無理」とはいえません。正しい姿勢、方法で行わないと、故障の原因になるので注意。

メディカルチェックのすすめ

設備の整った医療機関がない山で発病あるいは病気が悪化してしまうと、同行者や周りの登山者にはどうすることもできません。年に一度、通常の健康診断を受けるだけでもよいので、自分の体に問題がないかのチェックをしておきましょう。高齢者や持病のある人は、登山をするのに支障がないかをかかりつけの医師に確認しておきます。

登山に役立つ筋力トレーニング

●スクワット(大腿四頭筋)
腰または頭に手を当て、膝を90度ぐらいまでゆっくり曲げて、元に戻す。このとき体を前傾させすぎないように。1セット20〜30回を1〜2セット。

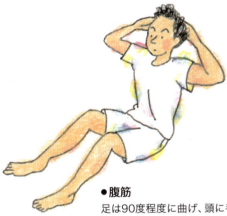

●腹筋
足は90度程度に曲げ、頭に手を当ててゆっくり体を起こす。膝を伸ばした状態で行うと腰を痛める可能性があるので注意。1セット20〜30回を1〜2セット。

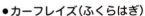

●カーフレイズ(ふくらはぎ)
かかとを上げて、下ろすを繰り返す。段差のあるところに爪先で立って行うとさらに効果的。壁に手をつけて体を支えてもよい。1セット30回を1〜2セット。

第5章 山歩きを楽しく続けるには

Lesson 9 山の「もしも」に備える〜遭難対策

低山でも遭難の可能性はある

　山歩きで遭難のリスクをゼロにすることはできません。登山道がよく整備された低山でも遭難事故は起こります。幼稚園児の遠足にも使われる、年間250万人以上が登る高尾山でも、実際に行方不明となって、未だ見つかっていない方がいます。

　例えばあなたが山で大けがをしたら…。あるいは道迷いで警察に救助されたら…。どんな山であっても「もしも」に備えるのは大切なことなのです。

登山計画書を作る

　第1章で考えた「プランニング」を具体的に書面にしたものが「登山計画書」です。山に行くときは登山計画書を作成し、提出します。計画書を作る理由は2つ。まず、遭難事故の備えです。行方不明になったときは、残された計画書をもとに捜索を行います。どの山へ、どのルートで行ったのか、どんな装備を持っているのか。計画書は捜索の手がかりになります。もうひとつの理由は自分の登山計画の確認のため。行程やメンバー、装備などを書き出すことは、計画に不備がないかの確認にもなるのです。

　計画書に書く基本情報は「いつ、どこに、だれと、どんなルートで」。個人情報は、自分の連絡先と、自分に何かあったときに連絡を取れる人（基本的には家族）の連絡先を記載します。その他、装備や食糧などの情報も書いておくとよいでしょう。ザックやジャケットの色を書いておくと、捜索時に役立ちます。

提出方法はいろいろ

　作った計画書は3通コピーをとります。1通は自分が行動中に持ち、もう1通は提出用、最後の1通は自宅に残していきます。家族とは「下山予定日を過ぎても帰らず連絡もない場合は、翌日の朝に警察に連絡をする」などの取り決めをしておくとよいでしょう。

　計画書の提出方法ですが、かつては登山口や駅などにある「計画書入

● 登山計画書を提出できるサイト

長野県警察

http://www.pref.nagano.lg.jp/police/index.html
登山計画書の書式をダウンロードすることができる。また、作成した登山計画書をメールで送ることもできる。トップページの「山岳情報」からアクセスを。

山梨県警察

https://www.pref.yamanashi.jp/police/index.html
山梨県内の山岳であれば、登山計画書専用フォームに入力して提出することができる。パソコンなどで作った登山計画書をメールで送ることもできる。「山岳情報」から。

コンパス

http://www.mt-compass.com/index.php
日本山岳ガイド協会が運営する、安全登山のための情報ネットワーク。登山届を作成し、登録することで家族や仲間、団体などと共有

することができる。また、自治体や警察との連携も進めていて、遭難時には登録された登山届を閲覧し、救助や捜索に用いられる。

れ（ポスト）」に入れることが多かったものですが、現在は、地元の警察署あるいは県警などで、メールによって計画書を受け付けているところもあります。

山岳保険とは何か？

道に迷って数日間の捜索の末に見つかったり、大けがをしてヘリコプターで救出・搬送された場合、内容によっては数百万円の費用がかかってしまうことがあります。これらの費用は救助された本人が負担します。不幸にして本人が死亡してしまった場合は残された家族が負担することになります。このような、登山での遭難救助費用を補償するのが山岳保険（山岳遭難対策制度）です。

自分に適した保険に加入する

山歩きを趣味として楽しむようになってきたら、山岳保険の加入を検討しましょう。繰り返しますが、低山しか行かない人でも、遭難のリスクはゼロではありません。最近は個人で加入できる山岳保険も増えて、さまざまな形態から自分の登山スタイルに合ったものを選べるようになりました。

●**短期か、長期か**

保険期間が1年（あるいは複数年）で掛け捨ての保険が主流でしたが、最近は1日から加入できる保険もあります。年に何度も山に行かない人なら、短期の保険が使いやすいでしょう。毎月のように山に行く人なら、1年掛け捨てタイプのほうが結果的にお得ですし、保険のかけ忘れもありません。

●**補償される内容**

おもに、捜索・救助費用のみが補償される保険と、それ以外（死亡・後遺障害、個人賠償など）も補償される保険に大別できます。前者は費用がやや割安です。遭難によってけがをした場合の入院、手術、通院費用がオプションでつけられる保険もあります。また、捜索・救助費用や死亡後遺障害保険金の金額によっていくつかのタイプがある保険もあります。

●**山行スタイル**

アイゼン・ピッケルを使う冬山や、ロープを使う登攀などでの遭難に対応する保険と、そのような道具を使わないハイキングのみ対応する保険があります。前者のほうが保険料は割高です。

● 山岳保険のおもな補償内容

捜索・救助費用	捜索・救助活動にかかった費用。山岳救助隊などの日当や交通費、ヘリコプターなどでの搬送にかかった費用など。
死亡・後遺障害保険金	遭難によって死亡した場合、あるいはけがで後遺症が発生した場合に支払われる保険金。
入院・通院費用	遭難事故により入院・通院、あるいは手術などが必要となった場合の費用。
個人賠償費用	例えば自分が落石を起こして下の人にけがをさせたなど、他者に損害を与えて賠償責任を問われた場合の賠償金。

● 個人でも加入できる山岳保険

日本山岳救助機構	http://www.sangakujro.com/ 捜索・救助にかかる費用を330万円まで補償。遭難者に支払った費用を、年度末にその年度の会員全員で分割して負担する「事後分担金制度」を採用している。東京都山岳連盟が主催する遭難防止のための講習会や講演会などを受講することもできる。
日本山岳協会 山岳共済会	http://www.jma-sangaku.or.jp/kyosai/ アイゼン・ピッケルを使用した登山に対応する登山コースと、登攀用具を使わない登山に対応するハイキングコースがある。登山中のみならず日常生活や業務中に起こった負傷事故も補償。
レスキュー費用保険	http://www.nihiho.co.jp/ 年間保険料5000円で、遭難時の捜索・救助費用を最大300万円まで補償。保険料払い込みの翌日から補償が開始される。
やまきふ共済会	http://www.yamakifu.or.jp/ 1年間掛け捨てタイプの保険は、補償内容で選べる3タイプ。遭難時の補償に特化した一般会員は、年会費4000円で500万円までの捜索救助費用などを補償する。また、日帰り登山～3泊4日の山行期間で選べる短期タイプの保険がある。
モンベル	https://hoken.montbell.jp/ 1、3、5年から保険期間を選べるプランと、1～7日間で加入できる短期プランがあり、それぞれ山岳登攀に適用される保険とされない保険がある。山行形態に合わせてフレキシブルに選べる。加入時はモンベルメイトの登録が必要。

登山計画書

山　域	丹沢 ← 都道府県でも可			本人の携帯番号
山　名	塔ノ岳			自宅や家族の携帯番号など不在時につながる番号
期　間	2016　年 5 月 10 日 ～ 5 月 11 日			

	氏名	年齢	住所	緊急連絡先 本人電話
代表	山田 好男	40	新宿区新宿 1-1-1-102	03-XXXX-XXXX 090-XXX-XXX
	鈴木 岳	38	川口市南川口 1-2-3	048-XXX-△△△△ 080-△△△-△△△△

●行動予定

月　日	行　　　程
5月10日	ヤビツ峠～ニノ塔～三ノ塔～塔ノ岳
5月11日	塔ノ岳～堀山の家～大倉

スタート、ゴールとおもなコースポイント

●食糧

行動食 2 日分　　非常食 1 日分

●備考（エスケープルート、装備、宿泊先など）

宿泊：尊仏山荘 090-△△△△-△△△△
エスケープルート：三ノ塔から三ノ塔尾根下り大倉へ。

登山計画書

山　域	
山　名	
期　間	年　　　月　　　日　～　　　　月　　　日

	氏名	年齢	住所	緊急連絡先 本人電話
代表				

●行動予定

月　日	行　　　程

●食糧

行動食　　　日分　　　非常食　　　日分

●備考（エスケープルート、装備、宿泊先など）

問合せ先一覧

 登山用品（五十音順）

ICI石井スポーツ登山本店　☎03-3295-0622
キャラバン　☎03-3944-2331
ゴールドウイン　☎0120-307-560
パタゴニア日本支社　☎0800-888-7447
ファイントラック　☎0120-080-375
モンベル・カスタマー・サービス　☎06-6536-5740
ユニバーサルトレーディング　☎048-225-7756
ロストアロー　☎049-271-7113

 山小屋

本沢温泉　☎090-3140-7312
黒百合ヒュッテ　☎090-2533-0620
雲取山荘　☎0494-23-3338
尊仏山荘　☎090-2569-6013
金峰山小屋　☎0267-99-2030
燕山荘　☎090-1420-0008
唐松岳頂上山荘　☎090-5204-7876
涸沢ヒュッテ　☎090-9002-2534
涸沢小屋　☎090-2204-1300
ホテル千畳敷　☎0265-83-5201
白馬岳頂上宿舎　☎0261-75-3788（白馬村振興公社）
白馬山荘　☎0261-72-2002（白馬館）
南御室小屋　☎090-3406-3404
鳳凰小屋　☎0551-27-2018

※本書に記載の交通機関、宿泊施設、商品、その他のデータについては、2016年6月時点のものです。変更される場合もあります。
※登山コースは気象状況などで変動する可能性があります。事前に調査のうえ、お出かけください。コースタイムは健康な成人が要する標準的な歩行時間を記載しており、休憩時間は含みません。体調や天候、個人の経験や体力により変化します。

著者プロフィール

西野淑子
にしの・としこ

フリーライター、日本山岳ガイド協会認定登山ガイド。
趣味の旅行がきっかけで登山の楽しさに目覚め、現在は関東近郊を中心に、低山ハイキングからアルパインクライミング、雪山登山まで、オールラウンドに山を楽しんでいる。著書に『東京近郊ゆる登山』(実業之日本社)、『女子のための！ 週末登山』(大和書房)など。東京新聞にてコラム「ゆる山歩き」連載中。NHK文化センター「東京近郊ゆる登山講座」講師。

写真提供

石森孝一
松倉広治
和氣淳
福島県観光物産交流協会
沼田市観光協会
鳴沢村役場
公益社団法人鹿児島県観光連盟

取材協力
ICI石井スポーツ登山本店

[カバーデザイン]	藤井耕志、萩村美和（Re:D Co.）
[カバー撮影]	逢坂 聡
[本文デザイン・DTP]	クリエイト・ユー（奥谷 晶、玉井美香子）
[本文イラスト]	橋尾歌子

山歩きスタートブック
道具と歩き方がわかる、行きたいコースが見つかる

2016年8月10日　初版　第1刷発行

[著者]	西野淑子
[発行者]	片岡 巌
[発行所]	株式会社技術評論社
	東京都新宿区市谷左内町21-13
	電話　03-3513-6150：販売促進部
	03-3267-2272：書籍編集部
[印刷／製本]	図書印刷株式会社

定価はカバーに表示してあります。

本書の一部または全部を著作権法の定める範囲を超え、無断で複写、複製、転載あるいはファイルに落とすことを禁じます。

©2016　Toshiko Nishino

造本には細心の注意を払っておりますが、万一、乱丁（ページの乱れ）や落丁（ページの抜け）がございましたら、小社販売促進部までお送りください。送料小社負担にてお取り替えいたします。

ISBN978-4-7741-8228-5　C2075
Printed in Japan